# 银行大堂经理
## 知识读本

中国银行业协会◎编

YINHANG DATANG JINGLI
ZHISHI DUBEN

中国金融出版社

责任编辑：戴　硕　李　融
责任校对：刘　明
责任印制：程　颖

**图书在版编目(CIP)数据**

银行大堂经理知识读本(Yinhang Datang Jingli Zhishi Duben)/中国银行业协会编. — 北京: 中国金融出版社，2014.4
ISBN 978-7-5049-7445-7

Ⅰ. ①银…　Ⅱ. ①中…　Ⅲ. ①银行—商业服务—基本知识—中国
Ⅳ. ①F832.2

中国版本图书馆CIP数据核字 (2014) 第040056号

出版
发行　**中国金融出版社**

社址　北京市丰台区益泽路2号
市场开发部　　(010) 63266347，63805472，63439533(传真)
网上书店　　http://www.chinafph.com
　　　　　　(010) 63286832，63365686 (传真)
读者服务部　　(010) 66070833，62568380
邮编　100071
经销　新华书店
印刷　北京侨友印刷有限公司
装订　平阳装订厂
尺寸　169毫米×239毫米
印张　19.75
字数　225千
版次　2014年4月第1版
印次　2014年4月第1次印刷
定价　62.00元
ISBN 978-7-5049-7445-7/F.7005
如出现印装错误本社负责调换　联系电话(010) 63263947

# 编委会

 **序**

伴随着经济体制改革全面深化及经济长足发展，我国银行业体系体制也今非昔比，体系不断完善，竞争日趋激烈。中国银行家们日益认识到在激烈的市场竞争中，必须靠服务在竞争中取胜，"以服务求生存，以服务创效益，以服务谋发展"为特征的现代管理理念不断形成和深化。商业银行的服务质量直接反映银行管理水平的高低，生动诠释银行的企业文化内涵和经营理念，形象展现员工的精神风貌，集中体现银行的核心竞争力和发展潜能。

作为商业银行的窗口——大堂经理，他们的形象直接代表着银行的形象。因此，商业银行不断重视大堂经理的角色定位和价值体现，并将其提升到重要的战略位置，不断强化大堂经理队伍建设，加强大堂经理管理，提升大堂经理综合素质。

为了促进中国银行业大堂经理更加系统、规范、持续地发展，中国银行业协会借鉴和参考了各商业银行对大堂经理的管理模式和成功经验及做法，汇聚各会员银行的实践精华，组织编写了《银行大堂经理知识读本》，旨在让各会员单位共同分享中国银行业知识成果，为银行大堂经理的职业发展提供理论指导和实践借鉴，为银行业金融机构的服务管理提供规范标准，为银行消费者全面了解银行大堂服务提供权威参考。

《银行大堂经理知识读本》是中国银行业第一本关于大堂经理的指导读本。该书主要面对银行厅堂管理人员，从理论到实践，全面梳理及整合了大堂经理工作职责，详尽介绍了大堂经理工作内容，囊括了对厅堂管理的创新思路，是一本贴近大堂经理日常工作的工具用书，内容丰富、实用性强，具有知识性、前瞻性、指导性、操作性，对提高中国银行业网点大堂经理的客户服务能力具有十分重要的意义。该书的创新之处在于加入"压力应对和情绪管理"的章节，引导大堂经理合理排解工作压力，以饱满的热情，快乐、轻松、高效地工作。同时，在多个章节加入了大量经典案例，将理论和实践结合，进一步提高了该书的可读性。该书填补了大堂经理这一岗位培训学习用书的空白，同时对商业银行各业务条线及其他服务行业行为规范都具有参考性和借鉴性。

　　我相信，由中国银行业协会主编的《银行大堂经理知识读本》一书，无论读者是金融消费者、银行从业人员，还是高校金融相关专业的老师和学生，都可以从该书中找到知识点，并对自身的工作和学习起到有益的帮助。同时对于帮助我们对大堂经理这一网点关键岗位的理解、关注和定位，对于促进我国商业银行大堂经理客户服务管理水平的提高，对于商业银行经营管理机制的改进，都将起到积极的推动作用。

中国银行业协会专职副会长　杨再平

2014年3月

 **前 言**

　　随着银行营业网点转型升级进程不断加快，银行服务环境的改善、服务设施的配置、服务方式的创新、服务内容的丰富、服务质量的提升显得越来越重要。作为承担银行营业网点服务管理、资源调配、秩序维护等职能的核心角色——大堂经理，如何在展示银行大堂服务能力和形象的关键平台上发挥应有的作用，就显得尤为关键。因此，重视并做好大堂经理工作，对于推动银行网点服务转型，提升大堂综合服务水平具有积极的现实意义。

　　从目前来看，国内银行业对大堂经理职能定位、作用发挥的研究还不是很系统、很全面，需要进行重新认识，科学规划。中国银行业协会联合湖北省银行业协会，组织有关专业人员，历时一年时间，完成了《银行大堂经理知识读本》一书编写的资料收集、整理等工作。经中国银行业协会组织会员单位相关专家和编写人员修改、完善审定，现已正式出版发行，填补了这一领域的空白。

　　《银行大堂经理知识读本》面向中国银行业营业网点和大堂经理以及社会各界，以如何全面改进提升银行大堂综合服务水平为目标定位，根据《中国银行业文明规范服务工作指引》、《中国银行业营业网点大堂经理服务规范》等行规行约的要求，对银行大堂经理概述、银行大堂经理环境管理、银行大堂经理现场管理、银行大堂经理营销管理、银行大堂经理客户分类管理、银行大堂经理服务问题处理、银行大堂经理压力应对与情绪管理、银行大堂经理礼仪规范、银行大堂经理职业规划等内容进行了全方位阐述，为银行大堂经理践行服务提供了基本依据，成为中国银行业文明规范服务管理体系的重要组成部分。

《银行大堂经理知识读本》作为中国银行业协会主导编写的行业规范类书籍，融制度性、知识性、创新性、实用性于一体，对规范、改进银行大堂经理服务具有较强的指导作用和参考价值。

《银行大堂经理知识读本》由中国银行业协会组织业内的数十位专家集体编写，内容全面，操作具体，信息量大，覆盖面广。从章节体例到概念界定，从内容安排到材料取舍，都进行了反复研究讨论，仔细推敲；而基础知识、职能定位、操作规范和服务流程，则依据了行业现行的公约指引，使其具有较强的权威性和针对性。

需要说明的是，由于时间仓促，本书难免有疏漏和不当之处，敬请广大读者批评指正。

中国银行业协会
2014年3月

# 目录

# 第一章

## 银行大堂经理概述

　　随着金融创新和银行改革的日益深化，服务创造价值并推动银行网点转型已经成为不争的事实。银行营业网点的服务质量、服务手段、服务内容、服务态度和服务环境在网点转型过程中的作用越来越重要。承担营业网点服务的核心人物——大堂经理，则显得更为重要。做好大堂经理工作对于提升银行服务形象和推动网点转型具有重大而深远的意义。

# 第一节　银行大堂经理的地位及作用

随着银行对服务工作的重视程度不断加深，大堂经理岗位也越来越受重视。大堂经理在银行的地位不断提升，其对银行服务的重要作用也日趋明显。

## 一、银行服务的形象大使

随着商业银行的市场化，客户服务工作也越来越受到重视，大堂经理这个工作岗位是客户进入银行的第一接触人，他们给客户的第一印象至关重要。大堂经理是连接客户、柜台人员、客户经理的纽带，他们以良好的服务形象、高度的责任心、文明的言谈举止、丰富的金融知识，穿梭服务于客户之间，他们的一言一行、一举一动都向全社会展示了银行服务形象，是银行营业网点名副其实的形象大使。

## 二、银行服务文化的展示者

银行作为窗口服务行业，承担着社会服务的一份重要责任。大堂经理则是银行服务文化的展示者，不仅向社会展示先进的服务理念和文化，更重要的是承担了教育、培训客户金融消费习惯和素质的职能。大堂经理的优质服务形象，将影响并感染每一位银行客户，也将整体提升银行的客户满意度和信任度，得到社会各界的赞誉和好评。

## 三、银行品牌信誉的守护神

银行品牌是企业文化、企业形象长期投入和一点一滴积累的产物，这其中也包括大堂经理所从事的工作。目前，银行已从业务管理转向客户管理，从产品为中心转向客户为中心，从提供常规服务转向个性化、差异化服务，作为大堂经理需要将银行的产品和服务有效地展现和传递给客户，其工作内容琐碎而繁杂，为客户取号引导、有效分流、解答咨询、择机推介理财经理，小到内外环境维护，大到客户情绪管理，可谓工作内容忙碌而具体。

## 四、营业大厅的美容师

大堂经理责任重大，在日常的工作中，不仅要注重自身的仪容仪表，保持服务的大方得体，还需完成每天检查网点内外卫生、设备完好、设施有序、标识清晰、运转正常，确保对外信息、理财咨询公示清晰且准确，监督各岗位工作处理效率等一系列工作，以保证营业厅内的整体环境。在重大节假日还要参与对厅堂环境的布置，烘托节日气氛，美化营业环境。

## 五、客户利益的代言人

大堂经理具有双重身份，不仅是银行工作人员，同时也是客户的代言人。在客户遇到困难时，施以援手；当客户疑惑时，耐心解

释。要随时随地，急客户之所急，想客户之所想。让每一位客户感受到大堂经理的微笑、热情和专业，体验到宾至如归的感觉。

## 六、银行营销的排头兵

随着银行网点转型步伐的加快，银行业金融机构不仅加大了对网点服务环境的提升力度，还注重了对网点营销力量的配备，尤其是加大了对大堂经理团队的配置力度，除了设置AB角以外，还配备了大堂经理助理。大堂经理不仅承担网点大堂服务的重任，还承担着客户的挖掘、维护、跟踪的营销职能，成为了银行营销的排头兵。

# 第二节　银行大堂经理的职能定位

大堂经理在网点文明规范服务中要重点把握以下八方面职能，主要包括业务引导、产品推荐、客户分流、矛盾调解、服务监督、信息收集、安全检查、环境维护等。

## 一、业务引导

大堂经理热情、文明地对进出大堂的客户迎来送往。从客户进门时起，大堂经理就主动地迎接客户，询问客户需求，对客户进行相应的业务引导，诚恳、耐心、准确地解答客户的业务咨询。对待前来办理业务的每一位客户，大堂经理充当着引导员的职责。

## 二、产品推荐

大堂经理不仅承担网点大堂服务的重任，还承担着大量的客户挖掘、维护、跟踪的任务。大堂经理除了对大堂日常工作管理外，还肩负着重要的营销职能，其中主要是银行产品的推荐和营销。

## 三、客户分流

大堂经理在客户分流中起着重要作用，将各种不同业务需求的

客户在理财、咨询、自助、柜台等不同类型的物理空间进行分流，满足不同客户的需求，同时保持井然有序的状态，在时间和空间上进行有效的资源组合。

## 四、矛盾调解

由于银行流程、制度、设施、员工服务态度、效率和客户认知的差异，往往会导致客户与银行之间出现某种程度的矛盾或异议，在客户提出批评性意见时，需要大堂经理快速妥善地处理，尽快化解矛盾，真诚地关心客户感受，避免发生直接争执，减少客户投诉，从而保证营业大厅的正常秩序。

## 五、服务监督

大堂经理的服务监督职责体现在维护正常的营业秩序、提醒客户遵守"一米线"、保护客户私密性等方面。根据柜面客户排队情况，及时进行有序疏导，减少客户等候时间。同时监督客户经理、理财经理和柜面人员在业务办理过程中的文明礼仪是否规范，效率是否高效快捷。

## 六、信息收集

大堂经理利用大堂服务阵地，广泛收集市场信息和客户信息，充分挖掘重点客户资源，记录重点客户服务信息，用适当的方式与重点客户建立长期稳定的关系。同时还要协助理财经理做好贵宾客户维护工作，传递正确有效的客户信息给理财经理。

## 七、安全检查

大堂经理的安全检查职责体现在密切关注营业场所动态，发现异常情况及时报告，维护银行和客户的资金及人身安全；处事机智，及时处理一些突发事件，同时还应有一些紧急救生知识，意外发生时能有效防控风险；每日营业终了，及时关闭班后停用的系统和设备。

## 八、环境维护

大堂经理负责对网点的标识、利率牌、宣传牌、告示牌、机具、意见簿、宣传资料、便民设施等设备进行整理和维护，使客户走进大堂就有一种家庭般的温馨感觉。

# 第三节　银行大堂经理的岗位设置

银行业金融机构对大堂经理的任职资格、履职要求、服务团队、岗位配置、配备标准等方面作出具体规定。

## 一、岗位任职资格

1. 教育背景：专科或以上，金融、服务或营销类及相关专业（特殊情况可适当放宽）。

2. 从业经验：金融行业工作2年以上。

3. 技能技巧：具备服务管理和业务营销技能，熟练掌握银行业务知识，具备相应的风险识别能力和一定的团队管理能力。

4. 工作态度：果断、友善、热情，有较强的团队意识和沟通能力，能承受工作压力，善于自我激励，能够用自身的表现激发、带动团队成员的工作积极性，学习和适应能力强。

## 二、大堂经理履职要求

1. 遵章守纪，执行制度。认真遵守国家法律、法规和政策，严格执行各项规章制度，依法合规开展工作，确保客户正当权益不受损害。

2．恪守诚信，严谨规范。诚实守信对待客户，在向客户介绍理财等产品信息时履行如实告知义务，充分揭示风险，尊重客户的知情权，不得误导或诱导客户。

3．爱岗敬业，勤奋好学。热爱工作岗位，知晓金融法规，熟练掌握大堂经理岗位业务规则、专业知识，了解营业网点周边公共服务设施等便民服务信息，灵活运用服务技巧，优质高效服务客户。

## 三、组建大堂服务团队

1．银行各网点应组建大堂服务团队，在大堂开展客户服务工作。大堂服务团队由相关网点负责人、大堂经理岗位和大堂助理角色组成。

（1）网点负责人。网点现场服务要有专人负责，其中网点负责人是现场服务管理的第一责任人，营业时间必须有一名网点负责人专门负责网点现场服务管理。

（2）大堂经理岗位。由大堂经理专职履行该岗位职责，替岗人为客户经理等。

（3）大堂助理角色。有条件的银行网点可通过多种方式安排大堂助理。

2．建立大堂服务团队成员之间的分工配合机制，明确成员之间相对清晰的职责边界和工作区域以及相互补位的工作要求，确保成员之间既相对分工、有序履职，又区域互动、无缝衔接。

3．实行大堂服务团队岗位和角色替补机制。一是大堂经理不在岗位时，应由客户经理或支行安排其他岗位人员承担大堂经理职能，确保营业时间内大堂经理在岗率达到100%。二是网点应按周、逐日制定大堂经理岗位排班表，根据网点客流分布情况确定是否需要设置大堂助理人员。

## 四、岗位配置要求

1．明确专人担任。大堂经理岗位应专人专岗，如兼职也必须80%的工作时间履行岗位职责，且必须是向下兼岗（即大堂经理以上职务的岗位兼岗），销售岗位不得兼任大堂经理岗位。

2．明确职务级别。大堂经理要能够有效管理营业厅各岗位销售人员、调动营业厅各类服务资源，可配备相当于网点副职级别的员工担任。银行可自上而下，建立对大堂经理岗位的督导、管理和考核机制，强化大堂经理序列管理，凸显大堂经理的管理职能。

## 五、大堂经理配备标准

1．银行各网点至少配备1名专职大堂经理。设置理财中心的网点应至少配备2名专职大堂经理。

2．网点营业时间内也可根据服务需要安排大堂助理，协助大堂经理做好大堂服务工作。

# 第四节 银行大堂经理的职业素质和职业心态

银行大堂经理是营业网点服务品牌的直接代言人，树立优质、文明、整洁、周到的服务窗口新形象，塑造良好的职业素质和职业心态，将不断提升大堂经理的服务水平和服务档次。

## 一、职业素质

大堂经理基本素质主要包括：认同客户至上的服务理念，具有较强的服务意识；正直诚信，客观公正，遵纪守法；有爱心，有亲和力，具有良好的沟通表达能力；仪表端庄，形象大方；有责任心，认真细致，爱岗敬业；具有一定的现场管理能力、观察能力和应变能力、处置能力。技能要求主要包括：具有与大堂经理岗位相适应的专业资质；较好地掌握银行业务知识，熟悉本行业务流程和产品功能，并能熟练使用银行电子设备，具有一定的电脑操作技能；普通话标准，有条件的网点尽可能配备具有英语表达能力的人员。

提高自身素质是做好大堂经理工作的根本，一是提高学习思考能力。坚持多看、多想、多写，尤其是要加强客户心理学方面的知识学习，这是扩大视野、懂得客户心理、化解客户矛盾、发掘客户需求、变化服务思路的重要方法。二是提高熟练的业务技能。既

要有理论知识，也要有实践经验，如会计、信贷、电脑、证券、基金、保险等专业知识和接待艺术等心理学方面的知识。三是养成良好的工作作风。想客户之所想，急客户之所急。

## 二、职业心态

职业心态包括正确的服务理念，健康的身心素质，饱满的工作热情，良好的自我控制能力和减压能力。每一个微笑都是发自内心的，展示给客户的是阳光、积极、健康的形象。

### （一）从内心深处培育核心服务理念

大堂服务工作首要的问题是要解决为谁服务、怎么服务的理念问题。有几个原则应牢牢把握。

第一，以客户为中心的原则。每一位客户的合理需求都必须满足。客户既是服务需求的提出者，又是服务产品的接受者，也是服务质量水平的最终评判者，客户的需求是银行前进的动力，竞争对手的综合服务水平和客户需求的不断提高是银行自身不断进步和提高的基础。

第二，主动服务的原则。潜意识地变被动服务为主动服务，变常规服务为超前服务，将服务工作做深做细。

第三，顺畅、简捷、高效、统一的原则。每一项服务的内容都必须清晰明了。工作的各个环节都要有统一、详细、明确的标准，接待客户有礼、有节、有度，处理业务规范、快速、准确；让顾客感到和谐、友爱、温馨。每一个服务流程都必须精细高效。在风险可控的前提下，减少一些不经济的环节，提高管理的效率和效益。通过精细化服务，既享受愉快的过程，又达到精细的结果。

第四，每一条合理意见都是宝贵资源的原则。当遇到客户反映问题、提出建议、进行投诉时，应遵从以客户为中心、最大限度地满足客户合理需求、把客户意见当作资源的原则，认真地倾听客户的抱怨和投诉，采取切实可行的措施，最大限度、高效快捷地满足客户的正当合理诉求。

## （二）从言行举止上保持激情的工作状态

激情是一种奋发向上的工作状态，能够培养和激励一个人对事业的恋恋不舍和孜孜以求的境界。没有对所从事工作的热爱和执着，工作就是被动应付。有了一种对大堂经理岗位服务理念、重要作用的认识，就会焕发出对工作的热爱和追求。

## （三）具有忍辱负重的气量

在日常工作中，会遇到很多委屈和困难，甚至指责和非难，要学会承受和分解压力。

# 第二章

## 银行大堂经理环境管理

　　营业网点是银行为客户提供金融服务最重要的窗口，是与客户零距离接触的场所。干净整洁、温馨怡人的服务环境可以让客户有宾至如归的感觉；良好的服务环境、领先的服务理念可以帮助银行树立良好的社会品牌形象，使之在客户心目中具有较高的信誉度和良好口碑。

# 第一节　营业网点外部环境管理

营业网点外部环境是一家银行内在底蕴和外在特征的综合体现，是银行总体特征和风格的综合反映，对于提升银行整体形象起着不可忽视的作用。作为银行第一形象窗口，网点外部环境的标准化管理已成为现代银行关注的重点。营业网点外部环境管理主要指大堂经理对便民设施、停车场、户外卫生等进行规范化、制度化的管理。

## 一、便民设施管理

便民设施配备及管理是否完善，是现代银行综合服务水平的重要体现，提供完善的便民设施能起到吸引新客户、留住老客户，为银行树立良好口碑的作用。银行营业网点外部便民设施主要包括无障碍通道、提示牌（如小心地滑、正在维修、小心玻璃、免费泊车）、防滑垫、垃圾箱等，大堂经理应熟知以下管理规范：

1．在多级台阶的营业场所门口，应设立无障碍通道，通道上需设置国际通用的无障碍通道标识；如无条件设置的，需要张贴本网点专用服务电话标识或配有其他相关服务设施（如按铃等）。

2．根据网点实际情况需要，在营业网点靠近入口处明显位置放置"小心地滑"等安全提示标识。

3．临街落地窗、入口玻璃门以及玻璃通勤门应加贴防撞警示标识；在网点入口玻璃门、自助银行入口玻璃门及通勤门两面，应分别加贴"拉（PULL）"、"推（PUSH）"等标识。

4．如遇雨雪天气，应在营业网点入口处增设防滑垫。

5．在营业网点入口处合适位置放置垃圾桶。

## 二、停车场管理

随着驾车前来银行办理业务的客户增多，大多数银行营业网点车辆停放数量远超出其承载能力，停车场管理的复杂性越来越突出，因此，营业网点需提高停车场管理能力。大堂经理应监督相关人员做好如下管理工作：

1．在客流高峰期，派专人做好车流指挥、秩序维护、各类指示牌的收放等工作，确保人行道、运钞车专用通道等道路的通畅。

2．停车场必须在出入口处设立明显的标志，写明停车场名称、性质、类别等。

3．停车场必须备有消防器材，悬挂在场内方便取用之处。

4．停车场只作机动车保管之用，车场内不得进行车辆维修、装卸货物、拉客营运、摆卖等经营活动。

5．停车场内所有车辆摆放整齐划一，通道内严禁停车；装载易

燃、易爆、剧毒物品的车辆禁止进入场内。

## 三、环境卫生管理

良好的卫生环境是服务行业最基础的条件之一，对内可以增强员工的自豪感和凝聚力，对外可以增强银行的感染力和吸引力。银行营业网点外部环境卫生管理区域主要包括门头、门外、墙体、绿化区等，大堂经理应监督相关人员做好以下工作：

1．机构名称牌、营业时间牌等店招、铭牌保持整洁且未被覆盖，门外悬挂的条幅、海报应保持美观、整洁，LED屏应正常开启，门窗、灯箱应保持干净、明亮。

2．网点外墙体不得有乱张贴、乱悬挂现象。

3．网点外5米以内地面清洁、无污迹，雨雪后及时清扫客户通道。

4．门前不得摆摊设点，无乱堆乱放现象，不得有任何视觉障碍。

5．户外绿化带、树木、花坛等整齐整洁，植物种类协调、美观、适度，及时清除枯萎枝叶。

# 第二节 营业网点内部环境管理

营业网点内部环境对网点是否能够实现业务资源优化配置、提高网点盈利能力和贡献能力有着极其重要的作用。营业网点内部环境管理主要指大堂经理对视觉系统、功能分区、设施设备、宣传物品等进行全方位、规范化、制度化管理。

## 一、网点视觉系统管理

对客户而言，便利实惠、放心舒适、充满乐趣的体验是选择消费的重要依据，营造出令客户喜爱和期待的视觉氛围则是网点视觉系统管理的核心内容。网点视觉系统管理成功与否直接影响客户和工作人员的心态和行为模式，高效的网点视觉系统管理应遵循"统一形象、色调递进、信息密集"等基本原则。

### （一）统一形象

所有氛围营造元素均要以××银行标识设计为基础，按照统一要求进行配置，贯穿对内对外的所有视觉传达点，在整个网点内营造统一的展示形象。

### （二）色调递进

大堂突出明亮的色调，并配以适当的产品宣传营造出热烈的环

境氛围；贵宾室追求温暖、柔和、私密、安静的空间效果；通过主色与辅助色的组合应用，结合分区的平面布局，使空间色调按照由低端至高端的层次逐步递进。

### （三）信息密集

营造氛围的目的是向客户提供产品和服务，因此要通过适当的视听载体，包括LED屏、门楣、海报、折页、营销墙、液晶电视等媒介向客户传递产品信息，使客户在网点停留期间被产品信息密集覆盖。

## 二、营业网点功能分区

网点功能分区直接影响到网点的运营效率高低，为了有效管理网点分区、发挥各区域之间的分工和联动机制作用，必须对网点进行科学有效的功能分区，达到沟通逐层推进和差异化服务，进而提高网点运营效率，最终提升网点整体产能。营业网点基本功能分区包括但不限于咨询引导、客户等候、现金、非现金（个人、对公或信贷业务服务）、贵宾服务（理财区或理财室）、自助服务、电子银行服务、公众教育等相当功能的服务区。

### （一）咨询引导区

咨询引导区是客户实现业务预处理的重要区域，是实施客户分流、服务分层的关键和起始点。大堂经理可利用客户识别导向系统（或排队叫号系统）进行客户识别、引导分流，为客户提供业务咨询、业务受理、投诉建议等一系列服务，使客户一进入网点就感觉受到关注。

### （二）客户等候区

客户等候区是客户等待办理业务、临时休息或进行一般性沟通时使用的服务区域。客户休息等候区可以为客户提供休息、产品宣传展示、信息资料展示等服务，既可以集中营销推介产品，也可以缓解客户排队等候的焦急心理。

### （三）现金区

现金区是营业网点传统的现金交易场所，为必设区域，主要为客户提供现金存取款、现金缴费、汇兑、买卖理财产品、外币兑换等一般性现金交易服务。现金区一般距离自助服务区较近，以便于有效分流现金交易业务，减轻现金柜台压力。

### （四）非现金区

非现金区是个人业务产品咨询销售和复杂业务专业化集中办理的主要区域，非现金区实行开放式办公，与客户面对面服务，通过与客户的交流接触，为对公客户、个人客户提供开户、转账、挂失、产品销售等不涉及现金业务的服务。网点可根据实际需要设置个人贷款、理财、开户、挂失、国际结算、对公业务等专柜，实行专业化服务。

### （五）贵宾服务区

贵宾服务区是中高端客户相对集中网点的选设区域，是为贵宾客户提供绿色通道和分层服务的专属区域，为贵宾客户提供信息咨询、产品推介与销售、金融交易、一般理财等"一站式"综合金

融服务。有条件的可设置在单独区域或单独楼层，在布局上相对独立，远离普通客户区。

## （六）自助服务区

自助服务区为客户提供7×24小时小额存取款、转账、汇款、缴费、补登折、对账单及发票打印、查询账户信息、修改密码等自助银行服务。一般应设置成为客户进入网点的通道，或客户进入网点后首选交易的便利位置，以突出和方便客户首选自助交易渠道。

## （七）电子银行服务区

电子银行服务区是展示网上银行、手机银行、电话银行等业务功能的区域，为客户提供账户查询、转账汇款、投资理财、缴费支付等服务。电子银行服务区应开辟单独区域，放置台式电脑、免拨直通电话机及平板电脑等设备，安装免费无线WIFI，让客户体验到电子银行的优质性与便捷性。

## （八）公众教育区

公众教育区是宣传介绍金融知识，提醒客户远离非法集资等违法金融活动并对银行主要产品和服务进行宣传讲解的区域。通过摆放相关宣传资料、金融期刊及增设宣传金融知识显示屏等方式，加强金融消费者保护工作，增加社会公众对金融知识和相关信息的了解，提高公众识别和防范金融风险的能力，提升公众金融素质，促进银行业健康有序发展和社会和谐稳定。

## 三、服务设施设备管理

根据业务的需要对网点进行分区管理，确定不同类型网点的分区标准，不同功能区的物理资源和人力资源配备标准，对各功能区的物品摆放、日常维护和管理提出规范要求，进而达到提升网点各项资源效能的目的。

### （一）咨询引导区设备规范

咨询引导区一般应配备咨询引导台、排队叫号系统或客户识别导向系统、填单台、意见簿、功能分区指示牌等。

### （二）客户等候区设施规范

客户等候区设施物品配备应规范统一，设施物品摆放应简洁、明快。主要配备等候椅、公告栏、宣传折页架等设施物品。

### （三）现金区设施规范

现金服务区设施物品摆放要求考虑安全性、效率、美观、实用性和人性化。柜员以内部柜台为主桌面，主要配备柜员终端机显示器、打印机、柜员现金箱、空白凭证、票据、各种登记簿、印鉴卡册、密码键盘、签字笔、对讲器等设备，摆放有序。

### （四）非现金区设施规范

非现金服务区设施物品配备、摆放参照现金柜台配备并摆放，要方便员工与客户交流，突出人性化、现代感和营销功能，采取隔

断的独立单元组合设计，以保护客户私密性和亲切感。

### （五）贵宾服务区设施规范

贵宾服务区是吸引和服务高端客户的区域，主要功能是为高端客户提供全方位金融服务。应分设咨询引导区、客户等候区、现金服务区、非现金服务区等区域，设施物品布局既便于客户识别，又提供标准统一的视觉感受，着力为客户营造愉悦、尊贵的氛围。

### （六）自助服务区设施规范

自助服务区一般设在营业厅显著位置，便于将客户分流至自助渠道。主要配备自动取款机、自动存款机、自动存取款机、自助终端机、存折补登机、免拨直通电话机等设施。

### （七）电子银行服务区设施规范

电子银行服务区主要配备网上银行、手机银行、免拨直通电话等终端或演示设备。

### （八）公众教育区设施规范

公众教育区应根据实际区域情况摆放书报架、折页架、公告板、展板、影音播放器等设施设备。

## 四、宣传物品布放与管理

宣传物品是将产品和业务传递给客户的主要途径，银行通过宣传物品可以将新产品与新业务更快、更广地传递给各类客户，提升客户的理性认识。宣传物品陈列旨在通过对网点整体空间内及各个区域内有形产品及宣传物品的摆放、多媒体广告投放、设施设备管理利用，营造出客户视觉、听觉、触觉等多维度、多感观的良好氛围，从而提升客户体验、刺激客户需求，最终提高大堂服务效率。

## （一）宣传物品陈列种类

宣传物品既要避免种类过多过杂，又要避免苍白无力，不同功能区的宣传物品选择应各有侧重。

## （二）宣传物品陈列规范

宣传物品的选择是否科学，陈列是否丰富、吸引人、生动化是氛围营造的根本。宣传物品陈列一般应遵循"三抓"原则，即"抓住客户的眼"、"抓住客户的手"、"抓住顾客的心"。

## （三）宣传物品陈列禁忌

网点宣传物品陈列总体上把握"位置优化、新颖突出、整洁时效、体验良好"等要求，宣传物品陈列注意事项如下：

1．宣传资料涉及产品种类不宜过多、过杂，应重点突出几个产品。

2．宣传资料应及时更新、补充，同一产品或业务宣传资料数量应以每沓5～10张为宜，严禁摆放过期、破损宣传资料，严禁宣传资料摆放零乱，严禁不同产品或业务的折页混为一沓。

3．公告栏公示内容应及时更新撤换过期公告，严禁手写公告、严禁以"贴膏药"的方式累叠粘贴公告，各类宣传物品的陈列不能影响客户体验。

4．新产品推介牌在客户视线范围内，便于客户在观看的同时不影响客户办理业务，严禁遮挡客户视线。

5．贵宾理财区海报宜精不宜多，在保持整体风格简洁的前提下增强宣传效果。

6．贵宾区播放轻音乐作为背景音乐，但音乐声音不宜过大。

7．液晶电视投放广告中广告时间占比不宜超过70%。

8．营业时间内各区域呼叫系统及音、视频系统播放音量适中，无嘈杂现象。

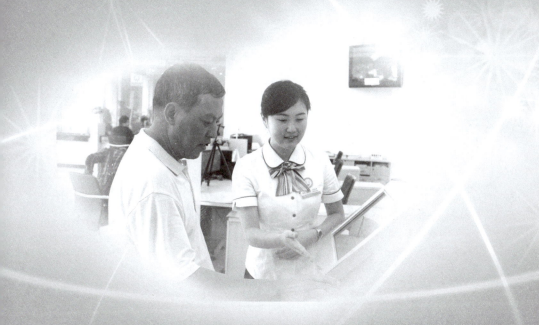

# 第三章

## 银行大堂经理现场管理

　　作为营业大厅的"灵魂人物"，大堂经理负责组织、协调营业大厅的各类服务资源，通过流程管理、排队管理、沟通协调、员工辅导、巡查管理、晨会夕会管理、质量记录、追踪管理等现场管理，为每一位走进厅堂的客户提供安全、舒适、温馨、快捷、高效的服务，促成客户现实或潜在的业务需求，持续提升客户满意度。

# 第一节　八大流程管理

　　大堂经理在网点大堂管理工作中，有开门迎客、客户咨询、客户分流、客户指导、产品营销、客户投诉处理、客户挽留、应急响应等八项主要流程需要大堂经理重点关注。

## 一、开门迎客

　　新的一天意味着新的开始、新的希望，营业大厅全体服务人员需以饱满的热情、昂扬的斗志、振奋的工作状态迎接新一天的开始。开门迎客包括以下五个步骤：

　　**第一步**　营业前十分钟全体服务人员含大堂经理、大堂助理、理财人员、柜员以及合作方员工全部到岗，规范仪容仪表，检查要点包括是否淡妆上岗、是否佩戴号牌、是否规范着装等。

　　**第二步**　各岗位人员岗前准备自查：引导台物品摆放是否整齐；叫号设备是否正常；各服务区域内（含自助服务区）设备是否开机；检查贵宾服务区域内各电器设备的运行是否正常；检查宣传资料是否在有效期内；检查报刊杂志是否摆放整齐、是否为最新出版；填单台各类凭条是否充足；服务区域内液晶电视是否开启且能正常播放等。

　　**第三步**　有音响条件的网点可提前两分钟播放大厅广播提示马

上将开门迎客，请全体工作人员做好最后的准备，以良好的状态迎接第一批顾客。

第四步 营业厅开门及开门后的5分钟内，大厅内播放迎宾曲，大堂经理与其他同事一起在进门处两侧排成队列，主动迎接客户。柜员及理财人员均在各自工作岗位上站立迎接客户。

第五步 当客户进入营业厅时，各岗位工作人员要以规范站姿，向客户微笑点头致意，主动问好："早上好，欢迎光临"，如遇重大节日春节、中秋节等，每位迎宾人员需向客户主动问候"新年好，欢迎光临"或"节日好，欢迎光临"。

## 二、客户咨询

### （一）接受客户咨询的"八字"原则

大堂经理针对客户的各类咨询要做到"八字"原则，即热情、简洁、通俗、周全。

1．热情。无论接待哪类客户，大堂经理要始终牢记自己是银行的代言人，热情服务、礼貌作答是第一要义。回答时务必面带微笑，语速中等、音量适中、吐字清晰、表述准确。

2．简洁。大堂经理要善于总结归纳，善于提纲挈领，将繁琐的问题简洁化、条理化，告知客户该做什么。如果问题确实很复杂，可以用"第一、第二"，或"首先、其次"等词汇分隔相关的要点，最好能借助一定的工具，如宣传资料、提示卡等，帮助客户理

解并操作。

3．通俗。既要善于把专业化的回答口语化、通俗化，又要善于把客户所提片断的、口语化的咨询转化为专业的知识，找到对应的答案。在现实生活中许多大堂经理经常会用银行的"术语"来回答客户的咨询，弄得客户糊里糊涂，不知所云。大堂经理每天面对不同文化层次、不同职业、不同年龄段的客户，需用最简单、通俗的语言为客户讲解业务。

4．周全。回答是否全面、细致将直接影响着客户能否成功办理业务，也最影响着客户的体验。在工作中经常接到客户的投诉"这项业务明明不能代办，为什么我在咨询时不告诉我，让我白跑一趟"，"这个产品只能在三点半前购进，为什么不提醒一下让我早点来"，"这个业务没有本人身份证不能办，没什么我在拿号时不告诉我，让我白白等了四十分钟"等。因此要主动提出"封闭式问题"让客户作答，如客户要办卡，需要提示"是为您本人办理卡吗？"、"您带本人身份证了吗？"、"您需要提前填写开户申请表"等。

以上要求的第一前提是首问负责。遇到客户咨询到自己也不能很肯定的问题时，不要模棱两可，忌用"可能"、"也许"、"不一定"、"您自己试一下吧"这样似是而非的话，更不能出现推诿的话语"这个问题我不清楚，您自己问问其他人吧"，"我搞不清楚，您自己打客服热线咨询吧"。大堂经理要通过其他渠道弄清楚客户的问题，而不是让客户到处碰钉子。

## （二）咨询的步骤

客户咨询按渠道不同可分为现场咨询、电话咨询、短信咨询、网络咨询等。咨询方式不同但服务要求和步骤有相似之处。

第一步：主动问好，微笑迎接

客户现场咨询，大堂经理主动问候客户"您好，请问有什么可以帮到您？"如果是客户电话咨询则需问候"您好，××银行，请问有什么可以帮到您？"

第二步：认真聆听，点头示意

不要随意打断客户的咨询，目光注视客户，让客户感觉到你在认真听他讲话，同时可以点头示意，表示你理解了客户的问题。在电话咨询时，虽不能与客户目光相对，但你的专注和不时的"哦"也能让客户感受到你的认真。

第三步：简要复述，清晰作答

"张先生，您想问的是关于如何办理信用卡的问题对吧！您只要带齐××等证件到网点即可。"不要拖泥带水，语言应简明扼要，让客户一听即明白应该怎样做。

第四步：首问负责，积极反馈

若遇到客户反映的问题不能马上作答，应回答"对不起，我请一位专业人员帮助您，请稍等"或"对不起，这个问题需要专业人员为您解答，请您到××柜台咨询"，并配以指引标准手势。

在电话咨询时如果不能马上作答，需在专用的客户咨询登记本上记录客户咨询的问题和联系方式。一般在一个工作日内一定要回复客户。"对不起，您咨询的这个问题我需先请示一下主管/专业人士，麻烦请留下联系方式，稍后再回电给您"、"请问您贵姓"、"方便请教一下您的全名吗？"、"欢迎您的下次来电，再见"、"您好，这里是××银行，您早些询问的问题经请示领导/专业人士……"这里的关键是一定要记得在承诺的时间内给客户回复电话，诚信是服务的首要前提。

# 三、客户分流

主动、有效地分流客户，为客户提供便捷高效的服务，提高自助设备、电子银行渠道的使用率，减轻柜台压力，降低服务成本，提升客户总体满意度是总体服务目标。在这个过程中，大堂经理是进行分流引导的关键人员。大堂经理应指引不同客户使用不同渠道办理业务，根据单笔业务柜面成本＞自助设备成本＞网上银行/电话银行的成本管理原则，对小额存取款、转账等简单业务，尽量建议和引导客户到自助银行、网上银行或电话银行等渠道办理，对大额存取款和复杂业务指引到柜面或理财服务区办理。

## （一）客户分流的原则

1. 主动观察，主动询问，及时做好分流引导。在日常工作中，大堂经理要对场内等候的客户主动观察、主动询问，寻找可被分流的客户。在分流引导时，应注意在客户进入营业网点的第一时间与客户进行沟通，了解客户办理业务情况，及时做好分流引导（在配有叫号机的营业网点较容易实现此种方案，在客户走到叫号机前取号时，大堂经理即可利用叫号机这个集中区域对客户进行引导。如果没有叫号机设备，尤其在客户流量较大的时段，大堂经理较难在客户一进门时进行分流引导，就必须依靠大堂经理在大堂主动巡视。）

2．多岗位协作，共同对客户进行分流引导。大堂经理应提示营业厅内的其他服务人员共同对客户进行分流引导。

对于柜员，若客户所办理的业务能够通过非柜台渠道完成，应当在业务办理完毕之后，建议和引导客户在下次办理业务时，采用其他更快捷、可替代的离柜处理渠道，减少客户的排队等候时间。

随着贵宾客户量的增大，理财经理与贵宾客户保持适当的联系、会见频率，提供理财咨询服务时，应通过电子银行渠道服务贵宾客户，帮助客户选择适当的电子渠道办理日常业务，以降低贵宾窗口的服务压力。

3．合理调节柜台与自助区客户流量。客户分流工作的主要目的就是要减少客户排队现象和缓解柜台压力，但由于引导分流工作是需要长期进行的，在分流到自助区的客户达到一定规模后，如果柜台前的客户减少，自助区出现客户排队现象，客户会重新流向现金柜台，现金柜台也将再次面临压力。

因此，在分流客户时要注意协调现金区、自助区及其他非现金区的客户流量，根据营业网点的业务量及每天的客户流量来合理设

置分流指标。在分流的过程中，注重循序渐进，适当分流，不宜过快或过量削减柜台客户，避免引起客户的不满情绪和造成营业秩序的混乱。一般来说，现金柜台平均等候客户超过3～5人时，应考虑通过再次分流引导或增加临时现金窗口来减轻排队压力。

## （二）客户引导分流的方法

1．先识别客户外部特征，可以根据客户的外部特征初步判断客户的等级。

2．再识别银行卡片类别，大堂经理根据客户外部特征的识别结果，有针对性地询问客户所持的卡片种类，如为贵宾客户则邀请客户至贵宾窗口或贵宾区域，如为其他等级贵宾卡则帮其拿对应的业务号，如为老人、孕妇、残疾人士等应协助指引到相应的优先服务窗口办理。

3．再区分业务类型，非贵宾客户，需询问客户办理业务的种类，如办理开户、功能开通或理财等业务，帮客户抽取理财业务的排队号，并指引客户到理财服务区办理；如办理其他非现金业务，询问具体类别，判断能否在电子银行服务区等自助设备上办理，如果可以则优先指引客户到相应区域；其他特殊业务，帮客户在叫号机上取综合柜排队号，并指引客户到等候区等待办理。

4．再区分金额，非贵宾客户，办理现金业务，要询问客户存取的具体金额，存取款不足2万元，建议并指引客户到自助服务区自助存取；存取款大于2万元，但小于5万元，指引客户到快速业务柜台办理；存取款大于5万元，帮助客户在叫号机上取综合业务号，并指

引客户到综合柜或等候区等待办理。

## （三）引导分流工作的基本流程和参考话术

1．每日开业迎接客户。当客户进入营业厅时，大堂经理以规范站姿，向客户微笑点头问候"早上好，欢迎光临"。

2．现金存取款客户的引导分流流程和话术。询问客户办理业务类型为现金业务的时候，应进一步询问所要存取现金的具体金额。

（1）客户表示要取款时：

参考话术："××先生/小姐，您好，请问您取多少金额？"

（2）客户表示要存款时：

参考话术："××先生/小姐，您好，请问您存多少金额？"、"您带银行卡了吗？"

如果客户不愿意直接回答存取款金额时，应适时更换询问方式。参考话术："您存/取2万元以下的金额吗？"、"您的存/取款金额是在2万元至5万元之间吗？"等选择性的提问，以避免较敏感客户不配合回答的尴尬场面。

（3）了解到客户用卡办理2万元以下的存/取款业务时：

参考话术："××先生/小姐，您持卡可直接到自助设备上存/取"，同时指引客户到自助服务区办理。

（4）了解到客户办理2万～5万元的现金存/取款业务时，应直接指引客户到快速业务柜台办理，"××先生/小姐，请您到××号窗口直接等候办理"。

（5）了解到客户办理5万元以上的现金存/取款业务时，"××先生/小姐，这是您的取号单，请您到××窗/××区等候办理"。

3．信用卡还款客户的引导分流流程和话术。大堂经理首先应该建议客户使用自助设备还款，若客户未持卡或帮其他人还款，则应指引到快速业务柜台排队办理，并简要提示信用卡还款有多种便利方式和渠道，"××先生/小姐，如果您带卡了，可以直接通过自助设备还款，非常方便，而且可以节省您的等候时间"。

4．办理个人开户业务客户的引导分流流程。大堂经理在引导办理个人开户业务时，应掌握基本的业务知识点以有效提示客户，如是否携带本人有效证件，若代办，是否携带了本人和代办人的有效证件等，再指引客户到填单台去填单等候办理。

参考话术：

（1）"××先生/小姐，您好，请问是为您本人办理开户吗？"

（2）"请问您的证件带了吗？"或"请问您和您朋友的证件都带来了吗？"

5．办理理财业务的引导分流流程。大堂经理遇到客户办理理财相关业务，可让客户直接到理财服务区进行办理。

参考话术："××先生/小姐，您好，我行有专门的理财服务区，您可以直接到那里由我们的理财人员为您进行办理。"

6．卡、折丢失客户的引导分流流程。大堂经理遇客户卡或存折丢失，可先提示客户通过电话银行、网上银行办理口头挂失，再指引客户办理书面挂失。具体流程：

（1）凡客户到网点表示丢失卡或存折时，为保障客户资金安全，应首先询问客户是否已办理口头挂失；

（2）如客户未办理口头挂失，引导员可先请大堂助理指导客户使用电话或网上银行办理口头挂失，再指导客户办理书面挂失。

参考话术：

（1）"××先生/小姐，请问您的卡是否已办理口头挂失？"

（2）"您好，请问您是否办理了口头挂失？您可以通过网上/电话先办理口头挂失，冻结账户，账户资金就不会有危险了。"

"为保障您资金安全，我马上请我的同事来帮助您办理口头挂失，冻结资金。"

（3）了解客户的账户是在本网点开户且已办理了口头挂失后，"××先生/小姐，请问您的证件带来了吗？"，并指引客户到填单台填写办理。

7．对公开户客户的引导分流流程。客户办理对公开户业务时，指引客户到对公开户柜台办理或给客户相应的叫号单。

参考话术：

（1）"××先生/小姐，您好，请问您是办理对公开户业

务吗？"

（2）得知客户是办理此项业务后，引导员做好指引，"××先生/小姐，您好，对公开户业务请您直接到对公开户专窗办理，谢谢！"

8．询问或办理个人贷款业务客户的引导分流流程。客户办理个人贷款业务时，引导到个人贷款柜台（区）咨询或办理。

参考话术：

（1）"××先生/小姐，您好，请问您是办理个人贷款业务吗？"

（2）得知客户是办理此项业务后，引导员指引，"××先生/小姐，您好，个人贷款业务请您直接到个人贷款洽谈区办理，谢谢！"

（3）如个人贷款洽谈区设置在离引导台较远的地方，如在网点二楼，此时引导员应举手示意大堂助理（或使用对讲机），由大堂助理引导客户办理，"××先生/小姐，我同事将引导您去办理，谢谢"。

9．贵宾客户引导分流流程。凡持贵宾卡的客户需办理业务，可指引客户到理财中心办理业务，并用规范手势作出指引。"××先生/小姐，您好，您是我行尊贵的贵宾，请您到贵宾理财中心办理业务。"

10．老人、孕妇、残疾客户引导分流流程。

（1）观察到老年客户、孕妇、残疾客户进营业厅，服务应更加耐心主动，并可以走出引导台，更近距离谈话。"您好，请问办理什么业务？"

一般，老年客户反应不及年轻人，孕妇、残疾客户反应动作不及正常客户，如客户有些迟疑，可接着亲和地向客户询问，也促使提高分流速度。"您是否取现金，请问带卡了吗？"、"您是否是来开户的，还是办理挂失？"或"这是优先叫号单，请到优先服务窗口办理。"

（2）对老人、孕妇、残疾客户，引导客户在优先服务窗口办理业务。在此过程中，可搀扶协助客户行走。

11．情绪焦急的客户引导分流流程。观察到情绪特别着急的客户，不要机械地只给叫号单，还要作出安抚姿态。"请不要着急，我们尽量为您想办法，请到那边先坐一下。"

大堂经理此时还要及时示意大堂其他人员（如保安）倒水，如通过眼神或直接告知其他人员倒水。"请喝水，有什么事，慢慢告诉我，我为您想办法处理。"

如客户非常着急办理业务，可根据贵宾区或理财中心忙闲程度，引导客户办理业务。"我们已安排您到贵宾区优先办理，尽快为您赶时间。"

12．当同时面对两名或以上客户的引导分流流程。当大堂经理正在服务一名客户，而另一名客户走近前来咨询或要求提供服务或表现非常紧急时，应有序处理，不应慌乱。

具体流程：

（1）首先向走近前来咨询或要求提供服务的客户微笑点头示意，说"请稍等，马上为您服务"。

（2）如果后到的客户非常着急，且声音很大，情绪很激动，此时应先微笑着与正在服务的客户说："××先生/小姐，很抱歉，请您稍等一下，可以吗？"在征得目前接待客户同意，并做简单交接后，为后到客户服务。但若第一位客户不同意，则可请大堂助理或相关工作人员来为第二位客户服务。

（3）亲切问候前来咨询或要求提供服务的客户："××先生/小姐，请问有什么可以帮到您？"

（4）了解后一位客户的需求后，根据谁最需要你帮助的原则，除客户卡（或存折）丢失需紧急挂失（不含已办理口头挂失的书面挂失以及书面挂失解挂）、客户投诉抱怨等紧急事宜外，一般情况仍需按照先后原则为客户服务。当客户要办理紧急挂失时，应请相关人员协助接待处理；当客户抱怨或投诉时应及时处理。

（5）若大堂经理接待两位客户比较吃力，或者再出现第三位客户时，应立即举手示意招呼相关人员前来协助帮忙。

先后原则："××先生/小姐，您好，我正在为这位××先生/小姐服务，请您耐心等待一下"，服务完前一位客户后，接待下一位客户："很抱歉，让您久等了，请问有什么可以帮到您？"

（6）遇投诉抱怨的客户，应先了解情况，能解决的当即解决，

自己不能解决的，应立即告知客户："××先生/小姐，您好，我请上级主管来处理您的情况，请您稍等"，并立即举手示意招呼主管前来协助帮忙。

## 四、客户指导

当客户经引导分流岗位进入到各相应服务区域，大堂服务人员要做好衔接和再次分流，应主动询问客户需求，根据客户办理业务的种类，指引、指导客户在银行不同功能区域办理，合理有效地运用厅堂各项资源，提高客户的服务体验，达到与客户建立良好信任的目的，为下一步向客户提供产品和服务打下坚实基础。

### （一）自助服务区的工作要点

1．关注自助服务区客户，为客户提供现金存取的使用帮助和辅导，培养客户自助设备的使用习惯。特别关注三点：一是不得接触客户的卡和钱；二是只能指导，不要代客户操作按键；三是当客户输入密码时，大堂经理一定要有背对客户的回避动作。

2．当自助设备出现故障时，应立即摆放暂停服务标识，通知相关维护人员，在机器修复期间，应做好客户解释工作。

3．当客户使用自助设备吞卡时，应告知客户取出卡片的时间，并提示客户领卡的手续及需携带资料。

4．当客户使用自助设备被吞钞时，应告知客户处理时间及处理流程。

5．在客户使用自助设备表示取到假钞时，大堂经理应请客户描述发现假钞的过程，并向客户进行解释银行设备多重防范措施避免出现假币，如解释不了，可请求上级领导协助处理。

## （二）电子银行服务区域的工作要点

1．关注电子银行服务区客户，确保在客户需要的第一时间内获得指导和帮助，培养客户网上银行、电话银行的使用习惯。同样提示三点：一是只能指导，不要代客户操作按键；二是当客户输入密码时，大堂经理一定要有背对客户的回避动作；三是当客户使用网银查询个人资产时，工作人员目光最好不要长时间停留，更不能和周边同事议论客户的资产情况，以免客户反感。

2．当电子银行设备出现故障时，及时排除设备故障或通知相关维修人员，在维护期间，应在设备上立即摆放暂停服务标识，并做好客户的解释和引导工作。

## （三）客户等候区域的工作要点

1．大堂经理要随时注意观察营业厅客户排队情况及业务办理情况，主动上前帮助客户解决问题。

2．要主动安抚等候较长时间客户的情绪，如递上一杯水，帮客户关注一下，前面还有多少号，以缓解客户的焦躁情绪。

3．当客户目光停留在大厅内某宣传栏超过30秒以上时，大堂工作人员需主动上前，询问"有什么可以帮助您的？"并主动递送宣传折页。

4．如临时出现叫号机故障，大堂经理还需要协助叫号，有序安排客户办理柜面业务。

### （四）客户填单区域的工作要点

详细询问客户要办理业务的类别，提示客户需填写的单据。指导客户参照填单示范，正确填写单据，并提示客户填写完毕后，由工作人员负责对单据进行检查，防止错填、漏填。原则上银行员工不能代理客户填单，如遇特殊群体，可代填其他要素，必须客户亲自签名。

## 五、产品营销

大堂是发掘潜力客户的重要阵地，大堂经理应通过多种渠道、多个方面有效识别、发现潜在目标客户。主要识别途径有：

### （一）从客户的"无声信息"发现潜在客户

所谓"无声信息"是指在和客户接触的过程中，通过客户所填写单据、所出示的证件上搜集到的信息，如客户转账汇款的金额、家庭住址、职业状况等，有效识别和判断客户。

### （二）从与柜员的互动中发现潜在客户

大堂经理与柜员之间的密切配合程度可以提高转介的成功率。柜员可以更加直接地看到客户的资产信息，或者发现特殊客户，因此大堂经理应多加强与柜面员工的配合，如和柜面员工约定提示信

号，便于柜员发现潜在客户时向客户介绍大堂经理。

## （三）在不同区域关注客户不同行为发现潜在客户需求，向客户推荐相关产品

1．自助服务区：应关注大额存款客户、信用卡还款客户。

2．电子银行服务区：应关注查看基金市值客户、关注股市行情客户、使用网上银行的客户。

3．填单区：应关注办理转账汇款、开通网上银行、开户存款的客户。

4．客户等候区：应关注看产品折页的客户、专注利率显示屏的客户。

5．现金业务区：应关注办理业务时间较长的客户、外汇窗口办理业务的客户（结售汇、境外汇款）、办理存款证明的客户。

## （四）潜力客户营销步骤

第一步：大堂经理在识别和发现目标客户后，应通过客户服务、协助客户办理业务等多种方式，与客户建立信任，为下一步激发客户需求、有效实现转介打好基础。建立信任与"发现潜在客户"可以交替进行。建立信任最关键的是让客户感到真诚，以"先服务，后销售"的原则进行，具体方式有以下几种：

1．通过服务建立信任。解决客户问题、始终关注客户需求、保持热情积极的态度、具有亲和力的笑容。

2．通过沟通建立信任。主动询问客户、客户疑问的咨询解答、业务办理提示。此外，还应关注和客户在生活上的沟通，如关注客户的物品、服饰、来银行办理业务的时间。

3．通过行动建立信任。让自己的行动更加职业化，要按照职业礼仪的要求规范自己的着装、行为举止，给客户提供标准化的服务。

第二步：针对客户现在的需求激发客户潜在的需求。如客户来办"转账汇款"可提示客户，办一个网上银行和手机银行，既方便又快捷，手续费还有优惠；若客户属于工薪阶层，可以为客户讲述"小积累、大回报"的基金定投，推荐定投计划；如客户属于时尚人士，可以推荐信用卡。总之，营销要建立在对客户全心全意服务的基础上，建立在满足客户潜在需求的基础上，让客户感受到大堂经理确实是在替他着想，这样营销的成功率才能提高。

第三步：大堂经理对潜在客户实现有效需求激发后，应填写"客户服务卡"，注明客户的需求或感兴趣的产品，并引导客户到理财服务区，向理财人员简要介绍客户情况及需求，同时向客户介绍理财人员，完成转介过程。如客户要先办理业务，大堂经理要随时关注客户业务办理进度，在业务办理完毕后，及时引导客户至理财服务区。

第四步：大堂经理对客户的需求激发当时没有达成，或客户表示再考虑、再看看的态度，应及时记录客户信息，包括客户特征、到访时间、联系方式等，将有价值的客户信息转介给理财人员，并协助理财人员做好客户的电话回访。

### （五）客户转介销售工具——客户推荐表

大堂中流动着各种职业、各种业务需求的客户，有些需求是显现的，有些需求是需要进一步沟通、引导的。大堂经理充当着客户需求的挖掘者和客户需求的实现者双重身份。当大堂经理发现潜力客户或现有客户潜力需求时，会有针对性地推荐，而从推荐到销售会有时间上甚至空间上的位移，如何实现这一空间和时间的对接，让客户需求顺畅地实现，通常需要一个工具，实现岗位之间的衔接，这就是客户推荐表。

1．客户推荐表的三大作用。

一是整合业务流，一张客户推荐表将业务流做了很好的整合，牵起各个岗位、串起各个业务点。

二是传递信息流，实现各岗位间的信息传递，让下个环节的工作人员一眼就能识别上个环节工作人员为客户传递了哪方面的营销宣传，基本达成了哪些业务意向，避免不同岗位的重复营销和服务。

三是方便推介岗位员工的业绩认定，客户推荐表一式两联，一联归经办员留存，一联由推介人保管，每日日终，由经办岗发起与推介岗进行业绩核定，推介识别表是重要凭证。

2．客户推荐表的要素。

（1）基本信息栏，含日期、客户姓名、卡号，或身份证尾号、经办员姓名、工号等信息。

（2）拟推荐的服务项目，含功能、贵宾卡申请，拟进行的资产配置等信息，一般要求客户勾选。

（3）处理结果，推介人员最关心的是，推介的客户业务是否办理成功。经办人应主动与推介人核对业务办理情况，让推介人及时掌握信息。以某银行业务传递单为例介绍该表的具体用法（见表3–1）。

表3–1　　　　　　　　客户推荐表

受理日期：

| 客户基本信息 | 姓名 | | 联系电话 | |
| | 联系地址 | | | |
| | 客户建议联系方式和时间 | | | |
| 现场推荐□ | 客户排号单票号（　） | | 非现场推荐□ | |
| 客户需求： | 基金□ | 国债□ | 理财产品□ | 账户金□ |
| | 实物黄金□ | 保险□ | 贷记卡□ | 个人因私购汇□ |
| | 其他□ | | | |
| | 如有必要说明，请填写本栏 | | | |
| 推荐人（签名） | 日期： | | | |
| 产品销售情况 | | | | |
| 产品销售经理（签名） | 日期： | | | |
| 客户经理（签名） | 日期： | | | |

3．客户推荐表的运用。

（1）使用对象：凡具有推介职能的人员均可使用。

（2）使用流程：工作人员在接待过程中如发现客户具有非本岗位所能办理的业务需求时可通过填写一式两联的客户推荐表，注明客户可办理的业务品种及推介人的工号、姓名，将客户推介到其他岗位人员协助实现客户的需求。经办人在办理完客户的业务后，每日日终将其中一联返还推介人，并简述推介进展情况，另一联自己保存。

# 六、客户投诉处理

随着越来越多的银行不断提升服务水平，客户对银行服务的要求也越来越高。客户希望他们的需求能在第一时间被满足，不能满足时，他们选择通过投诉来传达自己的内心诉求。为此，大堂经理只有通过有效地处理客户投诉，才能为银行赢得客户的谅解，提升客户的忠诚度。这要求大堂经理提高对客户投诉的重视，保持客户至上的服务理念，并掌握有效的投诉处理技巧。

投诉的三个黄金定律：

第一定律：杠杆比24倍。一家企业只能听到4%不满意客户的抱怨，96%的不满意客户不会通过投诉表达不满，他们下一次将不再选择这家企业。所以，一位客户的投诉背后，一定还有24个相同的声音。

第二定律：扩散比12倍。坏事扩散速度要远远大于好事，一个不满的客户会将其不满告诉至少12个人。

第三定律：成本比6倍。吸引一个新客户的成本是维持一个老客户成本的6倍。

## （一）正确认识客户投诉的意义

1．客户投诉是对银行充满信任的一种表现。与其说客户的投诉是一种谩骂，倒不如说是一种关怀，正所谓"良药苦口利于行"。客户对银行服务不到位之处进行投诉，说明客户对银行充满信任，希望银行不足之处能得到改进。客户的投诉说明客户对银行的服务抱有很高的期望。

2．投诉给银行带来发展和改善良机。客户的负面反馈、抱怨、投诉是送给银行的一份"礼物"。当客户对银行产品或服务感到不满意时，他们通常有两种反应：转身离开或者说些什么。如果客户选择转身离开的话，银行就没有机会去修正服务的不足之处，就没有机会让更多的客户感到满意。充分利用客户投诉的有效信息来提升服务水平，能促进银行不断发展。

3．投诉是赢得客户忠诚的机会。研究发现，对于一位提出投诉的客户，如果他的问题得到圆满解决，那么他对银行的忠诚度会比那些从来没有投诉过的客户高。

4．投诉给服务人员带来成长的机会。挪威人出海捕沙丁鱼，为使沙丁鱼能够活着抵港，渔民在渔船里放一条鲶鱼，由于环境陌生，鲶鱼会四处游动，到处挑衅，引发事端，导致沙丁鱼也比较紧张，加速游动，这样一来，活蹦乱跳的沙丁鱼就被运回了渔港，后来，人们把这种现象称为"鲶鱼效应"。客户的投诉就好比是"鲶鱼"，是促使大堂经理及其他厅堂服务人员自我成长的外部力量。

### （二）客户投诉处理的原则和方法

1. 客户投诉处理的原则。

（1）真诚原则。真诚是开展投诉处理工作的前提和基础。在处理投诉的过程中，双方观点、思想的沟通，应以真诚为基础，这样才有助于创造和谐的沟通氛围，给投诉处理带来好的效果。在投诉处理工作中，如果采取的是欺诈、哄骗等手段，即便能在短期内蒙蔽客户，那也绝对只是一次仅有的、暂时的收益。

（2）尊重原则。尊重客户意味着尊重客户的诉求。尊重客户的诉求首先要做到了解客户的诉求。所谓"客户诉求"就是客户想要的、需要的。客户的真实诉求往往是隐藏在客户投诉背后真实的动机，这个答案常常是无法通过直接提问得到的，需要在倾听时仔细辨认和领会。尊重客户的诉求是指尊重客户的合理诉求。合理地满足客户的诉求，不是无条件、无限制地满足，而是充分满足客户诉求之中合理的部分。

（3）理解原则。投诉处理人员和客户达成相互谅解，意味着成功处理投诉进行了一半。当客户需要发泄的时候，他们可能表现垂头丧气、烦恼、失望或者愤慨等情绪。大堂经理应从客户的观点出发，换位思考，体验客户的内心感受，站在客户的角度思考问题，互相取得谅解。

（4）敏感性原则。敏感性原则是要求投诉处理人员能够从大量、散乱的客户投诉信息里，挖掘客户的真实诉求，包括倾听客户的"难言之隐"、比较口头语言和非口头语言的表达等。

（5）高效性原则。高效性原则，意味着毫不拖延地处理客户的要求，直至达到客户满意的结果。对客户的要求做出积极响应，及时采取正确的措施、灵活应变；如有必要，迅速提交上级主管处理，及时将处理结果通知客户。

大多数客户提出的问题都是源于银行提供的产品或者服务不能满足客户的要求，因此客户激烈反应的最终目的是让自己满意。出现这类投诉情况，必须快速反应、快速处理，使客户产生被重视和被尊重的感觉，一定程度上打消客户的抱怨，而且表示解决问题的诚意，使客户在心理上获得补偿。同时，快速处理问题，能够及时防止客户的负面传播造成更坏的影响。

（6）不争论原则。争论对于沟通和协调毫无裨益，而只会伤害双方的感情，恶化关系。表3-2列示了沟通与争论的区别。

表3-2　　　　　　　　沟通与争论的区别

| 沟　　通 | 争　　论 |
| --- | --- |
| 听得多 | 说得多 |
| 同理心地听 | 挑刺地听 |
| 合作的态度 | 对立的态度 |
| 尊重的语气 | 责难的语气 |

续表

| 沟　　通 | 争　　论 |
|---|---|
| 求同存异 | 各执一词 |
| 理直气和 | 理直气壮 |
| 表现为理解 | 表现为攻击 |
| 关注对方感受多 | 关注自己感受 |
| 目的让对方接收信息 | 目的让对方接受信息 |
| 目的是让对方心悦诚服 | 目的是让对方哑口无言 |
| 目的不是争论谁对谁错，而是双赢 | 目的是争论清楚谁对谁错 |

（7）双赢原则。处理投诉的目的是达到银行与客户的双赢，即"在最短的时间内满意地解决客户问题"，同时通过双方的合作，达到互利互惠的结果。

2．客户投诉处理的基本方法。

（1）调整心态，做好准备。你不能改变客户，就只能改变自己。遇到客户投诉时，大堂经理要看到投诉后面的转机，遇到压力时要看到压力后面的动力，遇到挫折时要看到挫折后面的成长。积极乐观的态度不仅会平息由客户投诉负面情绪带来的情绪紊乱，也有助于将问题导向积极正面的结果。

（2）表达诚意，取得客户信任。面对心情不佳的客户时，一声道歉就可能平息他一半的怒火。对于道歉的话语不要太吝啬，但道歉并不是主动承认错误，而是向客户表达解决问题的诚意，取得客户的信任。

（3）鼓励客户发泄情绪。许多客户在表达不满时，会比较激动，表现出烦恼、失望、泄气、发怒等情绪。愤怒的情感通常都需要通过一个载体来发泄，如果客户的不满情绪得不到发泄，他就不会听解释。客户的情绪应得到重视，大堂经理要让客户感受到你非常理解他的心情，关心他的问题。在处理投诉中，大堂经理必须耐心地倾听客户的抱怨，不要轻易地打断客户的讲述，更不要批评客户，耐心地鼓励客户把所有的问题讲出来。当客户的不满发泄出来后，他的情绪会逐渐平稳下来，也会乐于接受解释和道歉。

（4）仔细聆听收集信息，把握客户真实诉求。大堂经理要仔细聆听客户的真正需求，从而获得处理投诉的重要信息。

一是态度诚恳，耐心倾听。先听清楚客户说什么，注意了解客户的真正意图，切勿打断客户，让他发泄不满和宣泄情绪。如果有不明白的地方，应该等客户说完了再询问。倾听过程要传递出的理解和尊重，营造一种理性的氛围，感染客户以理性来解决问题。

二是注意自己的肢体语言。阅读别人的肢体语言可以获知他的情绪，大堂经理的肢体语言也在向客户传递着某种信息。在倾听时注意避免负面的肢体语言，并做出一些积极的肢体语言，可以达到事半功倍的效果。

## 负面的肢体语言

"双手交叉抱在胸前"：封闭、怀疑、不接受

"背靠或斜靠在物体上"：不感兴趣

"收拾文件"：否定，没有在听对方讲话，不想接触

"不停地看表"：听得不耐烦，或想结束谈话

## 积极的肢体语言

"点头"：你在注意倾听别人讲话的最好方式

"正面对着客户"：他得到了你全部的、毫无分散的注意力

"向前倾身"：我非常乐意倾听，我对你非常理解

"随着客户的讲述，调整你的面部表情"：当客户担心或烦恼时，配合他的心理状态

三是把握客户的真实诉求。化解客户投诉需要了解客户投诉的真正诉求，才可能最终化解客户的投诉。在处理投诉时，大堂经理要善于掌握客户的真实意图，要注意客户重复的话、注意客户的建议和反问、注意客户的反应。

四是做好记录，归纳客户投诉的基本信息。认真记录事件的要点，包括投诉事实、投诉要求、投诉人的姓名和联络方式。记录本身具有两个重要的作用，一方面让客户感受到重视，起到安抚情绪的作用，另一方面又能通过记录、询问，将客户的注意力引向客观描述和解决问题本身。待客户叙述结束后，向客户重复一遍他所投诉的要点，并取得客户的确认。

（5）沟通解决方案。问题澄清了，客户的对立情绪降低了，接下来要做的就是为客户提供解决方案。在提供解决方案时，要注意以下三点：

一是为客户提供选择。解决每个问题的方案都不是唯一的，给客户提供选择会让客户感觉受到尊重。同时，给客户选择解决方案，在实施的时候也会得到来自客户的认可和配合。

二是让客户参与解决方案。投诉的客户想要解决问题，如果客户不接受处理方案，可以询问他有什么提议或解决的办法。这样的问题很重要，往往能令客户满意。如果客户提出的要求可以接受，那就可以迅速处理完投诉。

三是要做总结。总结发生这次投诉的原因，从这次投诉处理中应该汲取哪些经验教训，今后的工作中如何避免类似情况的发生。

## 结束处理时不可少的几句话

"请问您觉得这样处理可以吗?您还有别的问题吗?"

"感谢您提出的宝贵意见。"

"再次为给您带来的不便和损失表示真诚的歉意。"

能够一次性处理客户的投诉当然最好，但有时问题可能比较复杂或特殊，大堂经理不确定该如何为客户解决，需要多次处理。针对需要多次处理的投诉，需要注意以下几点：

一是不要向客户做任何解决的承诺。正确的做法是诚实地告诉客户我们会尽力寻找解决的方法，但需要一点时间。然后约定给客户回复的时间，要注意适当留出一定的时间。随后，一定要准时联络客户。即使答复期限到了还不能给予答复的话，也一定要准时联络客户告之处理进程，以免失信于人。

二是调查核实事情的经过，包括客户的信息、事情的完整经过、业务的单据、相关的规章制度和法律法规、经办人员的叙述、法律部门的意见等。全面了解事情的真相，分析判断银行是否存在

差错，必要时召开应急会议，商量解决方案。

三是与客户沟通。在承诺的时间内及时与客户沟通，再次向客户提供解决方案，如果客户同意，投诉处理完成。如果客户不同意，必要时请高层出面处理投诉。如果高层领导也无法处理，回复客户时最好采用电话沟通的方式："我们的最终处理意见和上次见面沟通时相同"或"真的很抱歉，我们很难帮到您"。必要时启动应急预案，包括做好媒体危机准备工作、采取法律途径等。

## （三）常见客户投诉处理误区

错误的客户投诉处理方式会阻碍投诉处理，也会让客户不愿再提出投诉。以下为常见客户投诉处理的十大误区。

1．含糊其辞。在处理投诉时，本来是有理者，却由于没有抓住解决问题的关键点，语言描述不清楚，观点不明确，明显缺乏说服力。

2．痛苦重现。当投诉发生时，没有做好事前准备工作，让客户重复不愉快经历或随意解释，导致客户产生更多疑问，加大投诉处理难度。

3．打断插话。由于投诉处理人员没有及时调整好心态，做好充分准备，而是带着自己的观点听客户发泄，当客户夸大其词时，立即解释表白，导致客户产生反感。

4．先入为主。客户办理业务明显违反规定或不清楚相关部门规定导致现场抱怨和投诉发生时，处理人员不考虑客户心理感受，简单、直接告知原因或回绝客户。

5．息事宁人。在面对客户纠缠时，抱着迅速平息事端的处理态度，对投诉事实没有进行深入分析，立即满足客户需要，导致客户期望指升高，投诉升级。

6．无谓补偿。由于服务中存在某些问题，客户揪住不放，处理人员担心投诉升级，希望通过物质补偿尽快了结问题，反而被客户继续牵制，补偿价码越来越高。

7．无礼对抗。很多客户都遇到过无礼的待遇，服务人员连最基本的礼仪都没有。有时候，接受投诉的人虽然在听客户的抱怨，但他时不时地皱眉头、东张西望，明显表示不耐烦，他们觉得客户在浪费他们的时间，觉得他们还有更重要的事要做，不能仅站在这里听客户抱怨。这些举动虽然没有大声地说出来，但肢体语言等所传递的信息再明显不过了。客户会觉得："他们说是想听我的抱怨，但我一点都感觉不到。"

8．仓促上阵。面对情绪激动或自称有社会背景的客户投诉时，还没有了解具体情况，准备不够充分，甚至不知道宗旨是什么，就着手处理投诉。

9．缺乏警觉。对客户叙述的情况和某些词汇不够敏感，无法抓住重点，无法迅速而充分地利用交流中出现的有利信息和机会。

10．过分紧张。由于接受投诉的人缺乏社会经验而不自信，通常使客户感觉遇到了生手，也许会好好利用这个机会，使你一开始就

处于被动地位。

## （四）常见客户投诉处理案例解析

### ● 案例1 沟通不当

情景描述：一位70多岁的老大爷到网点要求查询银行账户上的余额，大堂助理微笑着跟老人讲，查询账户余额需要出示您本人的身份证，请问您带证件来了吗？老人一下子就生气了，说大堂助理怀疑他偷人家的卡……虽然这位大堂助理后来跟老大爷解释了没有怀疑他的意思，只是告知他银行的相关制度，并在自助终端协助他查询到了银行卡上的定期余额。本以为没什么事了，然而次日老大爷又来了，并带来了他的身份证件和老干部证，找到大堂助理："小同志，你昨天的话深深地刺伤了我的自尊。今天我给你送证件来了。"

**分析点评**

虽然当时大堂助理对老大爷微笑了，可是在提示客户执行银行的规章制度时，没有运用语言技巧，更没有考虑到老人家的心理感受，没有遵循"尊重"的原则。如果当时大堂助理能先问问"老大爷您需不需要在账户余额上盖章？如果要的话，您需要带上身份证件到柜台查询，或者，您还可以到自助终端上完成查询"的话，就没有这个误会了。微笑具有穿透心灵的力量，它能够消除所有的猜忌与误会，能够冰释所有的前嫌和愤怒。但空洞的微笑如果没有加上我们的用心，就会让人怀疑你的真诚。

### ● 案例2 客户反映窗口开放太少

情景描述：某客户反映到网点取号时间为9:47，显示前面等候人数为3人，但其实际办理业务时间为10:20，造成其等候这么长时间的原因是只有1个窗口为普通客户办理业务。

## 处理方法

一听，认真倾听客户的投诉、抱怨。二道歉，对客户办理业务等候时间过长，诚挚地表示歉意。三解释疑惑，在客户情绪平息后告之客户，是由于一名储蓄员工临时请病假，造成办理普通业务的只有一个窗口。四承诺改进，一方面当出现柜员缺位时，及时进行人员配置方面的调整，另一方面加强柜员的业务技能培训，加快业务办理速度。客户表示对解释及处理感到满意。

### ● 案例3　储蓄柜面差错

情景描述：一位客户办理提前支取业务，该客户有15笔定期，需要提前支取其中的5笔，可是当所有的业务办完了，客户在查看单据时忽然大声地说："你给我取错了，我要取的是第10笔，你怎么给我取了第9笔呢？你让我损失了利息，你们要赔偿我。"随即在大堂大吵起来。

## 处理方法

1．鼓励客户发泄，排泄愤怒。

客户在大堂吵闹时，大堂经理第一时间赶到，"先生，您好！我是这里的大堂经理，请问有什么可以帮到您的吗？"

客户："你们是怎么搞的，把我的定期取错了，把我一笔快到期的定期取出来了，你们要赔偿我的损失！"

2．充分道歉，控制事态。

大堂经理："真是对不起，我们的服务给您造成麻烦了。您看这样行吗，我们到洽谈室去，一起想办法解决问题。"

客户："干吗要到洽谈室去，在这里说就行了。"

大堂经理："这里比较嘈杂，洽谈室安静多了，我们去那儿更容易商量出解决问题的办法。"

客户："那走吧。"

3．收集信息，了解问题所在。

大堂经理："先生，您请坐，我给您倒杯茶。请问您是想取哪一笔定期，我们帮您取错了。"

客户：复述事情经过。

4．承担责任，提出解决问题方案。

大堂经理："噢，我明白了，您要提前支取的是第10笔定期，而我们帮您提前支取了第9笔。这确实是我们的工作失误。我们帮您做冲账处理，将第9笔定期重新存回去，将第10笔定期取出来。您看可以吗？"

5．让客户参与意见。

客户："好吧，你们马上办吧。我还等着用钱呢。"

6．承诺执行，并跟踪服务留住客户。

大堂经理："谢谢您的理解，我马上去处理。请您稍坐一下，这里有报纸。"

客户："好的。"

10分钟后，大堂经理回来了，"先生，已经帮您处理好了。为了表示我们的歉意和您对我们工作的支持，送上一份纪念品给您。"

客户："谢谢。"

大堂经理："先生，我看您账户上的定期存款挺多的，您有没有考虑过做一下资产配置，一部分资金用来购买一些理财产品呢？我可以介绍一位专业的理财客户经理给您。"

客户："噢，这样啊，那好啊。"

## ● 案例4　客户投诉称银行付出假币

情景描述：某支行接到客户电话，反映当天在本行取款人民币5万元到周边银行存钱时，对方银行发现有2张票面100元的假币，当即开具了假币收缴凭证，客户要求赔偿。

## 处理方法

一是调查核实。支行接到客户投诉后，储蓄主管立即调阅当天监控录像资料，发现柜员操作流程无误，客户收到现金后未清点就离开柜台。二是陪同客户前往同业银行。遵循"办法多一点"的技巧，支行派人和客户一起到存钱的同业银行验证我行验钞设备是否能正常运作，经验证，验钞机精密可靠，无异常。经与客户多次协调沟通，并从本行监控中发现客户收款后在支行门口与另一人进行了交谈。

## 分析点评

此案例中，支行并不一味地向客户解释本身操作无误，将责任推向客户，而是采取积极主动的态度，从内外查找假币出现的原因，有效地维护了银行声誉。他们首先查找自身操作是否无误，验钞设备是否出现异常。在确保本行操作流程正确，设备正常运转的前提下，通过调看监控录像，发现客户从本行取钱后与其他人进行了交接。就是这个小小的细节找到了问题所在。该支行在整个事件过程中不仅维护了银行的声誉，同时还帮客户查找到了原因，主动替客户着想，达到了双赢。假币非常容易引起客户的投诉，在平常的处理中，我们通常一味地强调是按规定收缴的，这往往引起客户的不满，因为很少有网点主动将规定出示给客户，其实每个网点都张贴了《中国人民银行假币收缴鉴定管理办法》，如果我们主动引导客户亲眼看看白纸黑字的规定，并耐心解释，大多数客户是会理解的。

## • 案例5 一个误会引起的投诉

场景描述：某日，一对夫妻来到取号台焦急地问道："小姐，为什么我在一周前存的一笔账，在ATM的账户余额上查不到呢？"于是工作人员帮助他们在查询终端上查询交易明细。经查询果然没有这笔账目入账。这对夫妻冲到柜台大声吼道："你们银行还真是搞笑啊，客户存钱不入账，我要不查，还不知道钱根本就没有到我账户呢！真是个破银行！"不过好在我们柜员细心机灵，看到客户手上有几张卡，于是冷静地问客户手上的卡是否都有查询过账目，有可能是存到其他账户上呢。于是客户把手上的卡都给我们柜员查询了一下，在另外一张卡中正好查到当天客户存的那笔账目且数据相同。这时客户才恍然大悟，原来是自己存错卡了。因为那卡不是客户本人的，所以没有想到会存到其他卡里。由于是自己一时糊涂，错怪银行系统问题，这对夫妻明显感觉有些羞愧，低着头离开了柜台。

## 处理方法

本案例的投诉是由于客户误解造成的，因此处理时使用转换法让客户明白问题所在，当客户明白是因为误解导致争议时，问题也就解决了。柜员细心机灵，察言观色，适时巧妙地将客户误解转化，而且在用此技巧时旁敲侧击、积极暗示，冷静地问客户手上的卡是否都有查询过账目，从而成功化解了此笔投诉。

## ● 案例6  自助设备吞卡被剪卡的投诉

情景描述：某客户的一张银行卡在某银行自助设备上被吞，客户连续三天打电话到支行询问，第三天一位工作人员接电话时表示已经查询到这张卡，因为客户表示要出差，该名工作人员同意将卡片多保留几天。但当客户下飞机就到该支行领卡时却被告知已做剪卡处理，客户非常生气，认为该行工作人员出尔反尔，并要求该员工道歉。该行大堂经理向客户道歉时，没有把握好技巧，只是一再地说不好意思，而且是笑着说的，导致客户反感，认为道歉不够真诚，遂向该银行总行投诉。

## 分析点评

1. "不要轻易向客户承诺，一旦承诺一定要兑现"，没有把握答复客户的，请不要轻易答应客户的要求，否则将会引发投诉甚至赔偿经济损失，后患无穷，如果答应了，一定要与相关人员沟通交接好。

2. 道歉的技巧很重要，向客户道歉是为了取得客户的谅解，但道歉必须真诚，只有首先站在客户的角度理解了客户，才能发自内心地道歉，才能让客户接受。同时应注意微笑不是任何场合都适合的，当客户生气的时候，如果你向他微笑，客户会误以为你是在嘲笑他。

3．"同理心"，本案例中的客户事后表示对我们的工作不是不能理解，只是一下飞机就赶来银行却被告知不能领卡已经很生气了，却没有一个人向她说一句"对不起，是我们让您白跑了一趟，请您谅解"之类的话，如果听到了这样的道歉，她是不会投诉的。她需要的是我们对她有一种同理心，站在她的角度，发自内心地、真诚地道歉。

# 七、客户挽留

服务产品具有无形性、异质性、并发性和易逝性等特征，同时还具有服务质量评价主观性的特点，这些都注定了服务失误不可完全避免。即使对于有着最佳服务意识的、世界级的服务系统来说，服务失误也是难以杜绝的。只要有一次服务失误就可能导致顾客不满，并可能永远失去该顾客的信任。

恰当、及时和准确的服务补救可以减弱顾客不满情绪，并部分地恢复顾客满意度和忠诚度。在某些情况下，甚至可以大幅度提升顾客满意度和忠诚度。

服务补救是一种管理过程，它首先要发现服务失误，分析失误的原因，然后在定量分析的基础上，对服务失误进行评估并采取恰当的管理措施予以解决。服务补救实质是一种在服务过程中的管理行为。服务补救着眼于与顾客建立长期的关系而不是短期的成本节约，它是建立在以顾客为导向的基础之上。

### 服务补救过程中必须遵循的原则

不管是谁造成的服务失误，都应该义不容辞地发现并改正失误；

要使得顾客能够轻松、容易地进行投诉；

在解决服务失误的过程中，应让顾客时刻了解补救的进展情况；

要主动解决服务失误问题，不能等到顾客提出来再被动地去解决；

出现失误后，要尽快对顾客的损失做出补偿；

关心服务失误对顾客精神上造成的伤害；

要及时向顾客作出道歉；

建立有效的服务补救系统，授予大堂经理解决服务失误的权力。

## 八、应急响应

加强银行营业网点对各种突发事件的防范，使大堂经理能够从容应对处理各种突发事件和自然灾害，最大程度地减轻突发事件给银行带来的经济损失和人员伤亡，预防和最大程度地减轻突发事件给客户带来的损害。

突发事件是指营业网点无法准确预测发生，与客户服务密切相关，影响营业网点正常营业秩序，需立即处置的事件，包括自然灾害、系统故障、治安案件、挤兑等。

### （一）突发事件应对原则

1. 保护客户和员工生命财产安全。

2．快速有效。大堂经理要高度重视对突发事件的处理，及时掌握情况，采取果断措施，做好化解工作，防止事态扩大，最大程度地减少危害和损失。

3．及时报告。营业网点发生突发事件，应立即按程序报告系统内上级管理部门，报告内容主要包括事件发生的地点、时间、原因、性质、涉及金额、人数以及事件造成的主要危害、客户反应、事态发展趋势和采取的应对措施等。

4．积极稳妥。大堂经理要坚持按照相关规定处置，加强应急管理，力求尽快控制事态，避免情况恶化，要熟知和掌握应急预案。

5．保守银行和客户秘密。大堂经理在处理重大问题过程中，应积极履行职责，严守工作纪律，未经许可，严禁接受采访、披露、传播、使用或允许他人使用涉密信息。

## （二）突发事件应对的一般程序

1．启动应急预案。

2．确认突发事件的状态。

3．适时公布事件的真相。

4．查明事件的真实原因。

5．制订应对突发事件的具体方案。

6．评估实施情况及调整策略。

另外，如果网点相关负责人不在现场，大堂经理及其他人员都必须有高度的责任感，根据具体情况采取相应的应急措施并向上级部门及相关部门报告。

## （三）突发事件的善后工作

突发事件的善后工作主要是消除遗留的问题和影响。突发事件发生后，银行形象受到了影响，客户对银行会非常敏感，要靠一系列善后管理工作来挽回影响。具体如下：

1．进行总结评估。对突发事件管理工作进行全面的评价，包括对预警系统的组织和工作程序、突发事件处理计划、决策等各方面的评价，要详尽地列出工作中存在的各种问题。

2．对问题进行整改。多数突发事件的爆发与网点管理不善有关，通过总结评估提出改正措施，并逐项落实，完善管理内容。

## （四）突发事件的预防

大堂经理平时应加强员工处置突发事件的技能培训，增强预防并妥善解决处置突发事件的能力，这样才能避免或减少人员伤亡、财产损失，消除不良影响，维护银行的利益和形象。具体做法如下：

1．培养突发事件防范意识。

2．健全有效的突发事件应对机制。网点应定期进行服务状况调查，针对已有的隐患和暴露出来的各类问题，进行相应的调查、统计、分析，实施预防措施，避免突发事件的发生。

3．编制突发事件应急预案。组织大堂经理等人员进行必要的训练与演习。网点应定期进行突发事件应急预案的演练，明确各岗位职责分工，提高应急水平，加强应对突发事件的能力。

# 第二节 排队管理

排队管理是指对网点客户排队时间进行管理，对等候区客户进行维护，大堂经理要持续关注网点客户等候时间的变化，对客户排队时间长的原因进行分析，提出改进建议。

## 一、客户等候的心理分析

对客户等待心理的实验主义研究最早至少可以追溯到1955年。其中，David Maister在1984年对排队心理作了比较全面的总结和研究，他提出了被广泛认可和采用的客户等待心理十条原则：

1．无所事事的等待比有事可干的等待感觉要长；

2．过程前、过程后等待的时间比过程中等待的时间感觉要长；

3．焦虑使等待看起来比实际时间更长；

4．不确定的等待比已知的、有限的等待时间更长；

5．没有说明理由的等待比说明了理由的等待时间更长；

6．不公平的等待比平等的等待时间要长；

7．服务的价值越高，人们愿意等待的时间就越长；

8．单个人等待比许多人一起等待感觉时间要长；

9．令人身体不舒适的等待比舒适的等待感觉时间要长；

10．不熟悉的等待比熟悉的等待时间要长。

总的来说，这十条原则可以作为实施排队管理的理论依据。那么一般客户能够接受的等候时间是多长呢，一般而言服务行业客户排队可以接受的时长为15分钟，一般不宜超过20分钟，超过这个时长客户就会有抱怨和不满。

# 二、客户排队管理方法

## （一）统计客户流量，了解客户排队状况

很多银行网点目前上线了"客户服务质量评价系统"、"客流量监测系统"，可直接通过"网点日均时段人数曲线图"获知网点每个时段等候的客户数量，了解排队状况。以某银行支行为例（见图3-1、图3-2）。

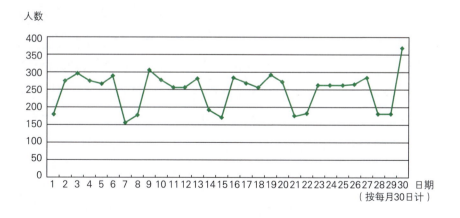

**图3-1 网点客户流量曲线图**

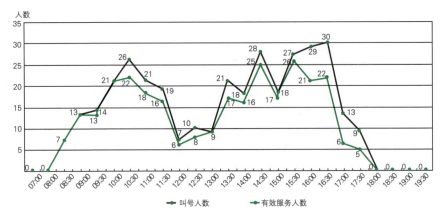

图3-2　网点日均时段人数曲线图

没有使用"客户服务质量评价系统"的网点，可以安排一名大堂助理，利用一个周期的时间，对不同时间段客户排队时间进行调查。抽测窗口不同时段的抽号信息，统计客户平均等待时间，绘制业务高峰分布时间图。

## （二）弹性排班，适时增加窗口

在客户流量统计的基础上，可以通过量化管理来进行弹性排班。例如，某支行有n个服务窗口，员工的一天工作时间是8小时，办理一位客户所需的平均时间约m分钟，如果我们希望将客户进行等待办理业务的时间控制在客户能够接受的15分钟时间内，那么，我们就必须根据客户多少与每办理一位客户业务所需平均时间（m）来弹性安排服务窗口。

表3-3　　　　　　　　　　弹性排班分析表

| 等候人数（人） | 窗口数（n） | 平均时间（m） |
| --- | --- | --- |
| 9 | 3 | 5 |
| 7 | 3 | 7 |
| 12 | 4 | 5 |
| 9 | 4 | 7 |
| 15 | 5 | 5 |
| 11 | 5 | 7 |

等候人数=15分钟×（480分钟/m分钟×n窗口/480分钟）

表3-3显示，在定量m与n下，超过相应的等候人数，我们就必须采取分流措施。同样，支行根据大堂平均等候人数以及平均时间，可获知实际应开设的窗口数量。

## （三）舒缓客户情绪，努力消除客户急躁心态

为了减少客户在等待中所产生的焦虑，大堂经理应积极与客户进行沟通，了解其办理何种业务，并提前告知他们预计需要等待的时间，及前面客户办理业务的情况，提示客户做好心理预期。

为客户建立一个舒适的等待环境，时刻保持营业厅的干净整洁，明亮通透，可适当播放舒缓心情的轻音乐，喷洒淡雅香型的空气清新剂等。尽量为客户营造一个舒适的氛围，并为客户提供免费茶水、报纸、杂志以帮助客户享受等待时光。

尽量使客户等待的时候有事可做，可以使得等待更为轻松有趣。例如，提供大的电视显示屏幕，在客户等待的时候，可以观看电视节目，帮助他们轻松度过等待的时间。营业厅也可以提供大的

电子显示屏，当客户等待服务的时候，播放一些新闻和其他信息以分散客户的注意力。

不直接参与客户服务的员工和资源，避免让客户看到。如果在等待的时候，能够进入他们视线的每个员工都在忙碌的话，客户会更耐心一些。相反，如果看到有些资源闲置在一边，客户会感到不耐烦。

### （四）具体分析客户排队原因，采取针对性措施

要有效解决客户排队问题，必须具体分析，结合网点客户类型和业务状况，进行针对性改进。

例如，通过客户流量统计，发现某网点客流分布有明显的规律，上午只有零星客户，客流高峰期集中在下午，客户反映该时段柜面受理业务时间过长。这类网点，应根据客户流量进行排班，上午空闲时段可安排部分员工轮休，下午保证满窗服务。同时，在营业厅显著位置公布该网点的业务繁忙时段，提醒客户在非客流高峰期办理业务。

又如，某网点客户以20万～50万元的大额现金存款转账业务居多，此类业务大量挤占柜员受理时间，加之引导不力，而且内外配合不到位，未采取有效措施引导分流客户，导致其他客户业务堵塞，排队现象严重。此类网点，可开通快速业务柜台，并加强内外配合，采取措施加强对客户的引导分流：一是注重客户引导。在网点入口处醒目位置张贴网点客户流量分布图，增设2万元以下自助设备存取的提示牌，做好客户的告知提示工作。二是大堂经理和

引导员应加强对客户的有效引导分流，关注等候客户，积极向自助设备、快速业务柜台等分流，缓解柜面压力。三是组织开展内部活动，加强柜面与大堂人员的沟通理解，有效分工，促进合作。

## 三、客户排队原因的解析方法

以一家繁华商务区银行网点中午排队现象较严重为例，对客户排队的一般性原因进行解析：

1．上班族只有利用中午时间来办理业务，造成客户较多。

2．中午前来办理手续繁杂业务客户较多。

3．个别客户认为中午休息时间办理业务的客户相对较少，故中午前来办理业务，造成客户集中。

4．部分客户中午休息时间有限，办理业务比较着急，所以容易烦躁，不愿等待。

5．中午13：00～15：00是股市、理财交易时间，客户较多。

6．支行地处繁华地段，流动客户多，造成客户集中。

7．中午员工换班吃饭，开放窗口少，造成客户集中。

8．新员工业务不熟练，办理速度慢。

9．叫号机叫号频率慢。

10．点钞机老化。

11．客户重复抽号，造成空号较多。

12．复印机配备不足，复印客户证件需要等候。

13．操作系统主机运行太慢。

14．打印机有时会出现故障。

15．网点小，自助设备少。

16．办公区小，分区不明显。

17．临时调配钱款、凭证占用时间。

18．大堂助理和柜面员工内外配合不够。

19．大堂助理分工不明确。

20．大堂助理客户分流做得不到位。

归纳可以看出，人的服务效率低和机器的运行效率低是"导致客户排队等候时间长"的主要问题。针对这两个大问题的九项成因，相应制定对策如下：

问题1　员工培训时间短

对策：制订定专门培训计划，对柜员进行业务知识和技能培训，提高业务办理效率，设置疑难问题登记簿。

问题2　大堂助理和柜面员工内外配合不够

对策：明确各岗位工作职责，减少客户在窗口咨询业务占用的

时间；调整大堂助理上班时间，集中在业务高峰期。

问题3　大堂工作流程不明确

对策：增加大堂助理；理顺大堂服务流程，制定凭证填写样本，指导客户正确填单，实施定点、定岗，一站式服务流程。

问题4　临时调配钱款、凭证占用时间

对策：增加班前准备事项，并制定班前检查流程，确保在班前调好备付款、零钞及凭证。

问题5～9　叫号机叫号频率慢；复印机配备不足；点钞机老化；打印机有时会出现故障；电脑主机太慢。

对策：联系维修人员维护，增配配备不足的设备。按时做好旧设备的定期维护和保养，确保正常运转。

## 四、排队管理实例解析

### ● 案例

客户刘先生反映，到某银行网点办理业务，取号之后20分钟没有叫到号，咨询2号窗口的柜员，得知不需要按号办理业务，于是又到4号窗口排队，但4号窗柜员又表示要取号。客户到3号窗口办理业务，柜员要了客户的身份证，让客户还款。客户办理信用卡还款业务用了1个小时，客户非常生气，于是向大堂经理反映，并询问是否需要按号码办理。大堂经理表示，每个柜员都有自己的处理方式。客户认为自己不可能提前知道，大堂经理回答"你自己问工作人员呀！"客户表示，其实当时只是希望大堂经理能安抚自己，但该工

作人员非但没有安抚，回答的话也让人非常不满。

### 支行反馈

实际支行在办业务中并无客户所描述的推诿客户情况，客户先拿了一个普通号，又到快速业务柜台排队，在排队过程中看到其他叫号窗口无人，就跑到那想办业务，那个窗口的柜员告知这是叫号窗口且还未到该客户的号，客户就不很理解了。当时的储蓄主管出面向客户解释并致歉，但未得到客户的认可，发生了投诉。

### 问题分析

因管理缺位引发的等候秩序问题容易引发客户投诉，特别是在快速业务柜台排队的客户往往会插入其他叫号窗口，此外，内部员工办理业务插队问题也需关注。

### 改进思路

在快速业务柜台排队等候的客户到叫号窗口插队是一个较为常见的问题，存在一个客户逐步了解和接受的过程。一是要做到标识明显，快速业务柜台和叫号窗口要有明显的区隔；二是要做好客户提示，要告知客户不同柜台受理的业务类型是不同的，可以对分流话术进行总结和规范；三是在客户提出异议时，要特别注意安抚的技巧和态度。

员工办理业务倡导排队。如果员工引领客户办理业务，建议到贵宾室办理或者开通员工绿色通道，一定要避免员工插队现象。

# 第三节　沟通协调管理

大堂经理是银行营业网点服务客户时承上启下、协调管理、流程衔接的核心和灵魂人物。大堂经理要做好网点各个岗位之间的沟通协调工作，充分利用网点资源，做好客户服务管理工作。

## 一、沟通协调的重要性和必要性

由于大堂经理的岗位职责要求，良好的沟通技能是做好大堂经理岗位工作的必备技能。营业厅是由多个区域、多个岗位组成的。每时每刻营业厅的工作人员在变动，位置在变动，客户也在不断变动，而且这些变动的人情绪也在变动。银行服务本来就是一种主观感受去体会的商品，保持稳定、优质的服务，各岗位的协同协调尤为重要。需要协调沟通的工作内容包括：

### （一）团队管理

网点大堂管理是一项团队工作，大堂经理要承担起网点大厅各岗位人员团队管理的职责，团队包括大堂经理、理财人员、合作单位驻点销售人员、自助设备管理员等。

### （二）平行协调

负责协调柜员、理财经理、大堂经理、理财人员、驻点销售

人员等开展营销服务，并负责牵头开展客户转介绍。

## （三）对上负责

协助主管行长开展营业厅服务管理、营销工作，配合主管行长做好厅堂指标控制、绩效达成。

# 二、沟通衔接的基础

营业厅各岗位的衔接可以从客户动向区域衔接、业务流程转介衔接等方式对接。前者以客户在营业厅的物理区位变化为各岗位人员服务的衔接链，从客户引导、自助服务或等待区、高柜或理财服务等一个区域一个区域前进。而业务流程转介来衔接主要依据业务的需要，比如客户先要做一个缴费，然后还要取款，之后想咨询理财业务，这样可以通过客户办理业务的流程来连接起来。这里面比较重要的一个变量是客户数量，如果在较多客户的时候，衔接的难度会相应提高。如果在某个区域或环节出现了客户流积压，这时要积极寻求拓宽下一环节的可能性，同时要及时安抚客户情绪。如何简化不必要的环节，高效地将各环节衔接起来是一种管理艺术。

## （一）首先衔接各岗位关键的一点，是需要一套严格的制度和流程

该制度和流程需正式以纸质成文的方式下发，且在行文前与各岗位人员进行过充分的调研和意见征集，得到各岗位工作人员的普

遍认同，具有很强的操作性和指导性，最重要的是在实际工作中经受住考验。

## （二）各岗位衔接需要经常性的演练，提高衔接的流畅度

大堂经理可针对实际工作中可能出现的情况，如遇插队客户、大额现金存款客户如何处理等，利用晨会夕会与各岗位员工进行分角色演练。

## （三）制度和流程还需要硬件的支持

对于营业面积比较大，分区较分散的营业网点，建议可为柜内外各重要岗位人员配置便携式对讲机，方便柜台内外、各岗位工作人员之间的联系；或者配置呼叫式腕表，呼叫器安置在柜台内，腕表由大堂工作人员佩戴，事前约定呼叫的数字代码，如"1"表示需要大堂工作人员提供复印或凭证填写的服务支持。"2"表示目前客户为潜力客户，有理财的需求，需要转介给理财人员。"3"表示客户有抱怨等，数字代码由柜内外商定后使用。

# 第四节 员工辅导管理

在营业厅管理中，大堂经理遇到问题员工，包括犯有较严重错误、频繁犯有一般性错误或有较严重消极情绪的员工，可以通过辅导的技巧来解决问题。辅导就是大堂经理帮助问题员工发现问题、解决问题、重获良好表现的过程。

## 一、什么情况下需要辅导

员工在工作中出现以下情况，需要大堂经理开展辅导：

1. 经常违反银行制度，如经常迟到、早退等；

2. 持续多日情绪低落，继续发展下去会影响工作效果，如员工抱怨、消极怠工等；

3. 工作表现持续下降，如在工作中发脾气、与客户发生冲突等；

4. 因犯错被通报批评，有强烈的负面情绪反应。

在营业厅业务高峰时段，员工的工作压力很大，有时会对大堂经理或其他同事大发脾气或牢骚。不论是什么原因导致员工产生负面情绪，大堂经理都应当沉着冷静，以积极的态度快速地处理营业厅所发生的问题，使营业厅的运作恢复正常。之后利用辅导的方式仔细地与员工讨论负面情绪的产生原因，寻求解决的方案。

## 二、辅导前的准备工作

辅导前的准备工作是大堂经理辅导员工成功的关键，应考虑以下因素：

1．收集全部事实，找相关人员了解情况；

2．清楚地列出问题并举出事例，员工做了什么、说了什么，或查看工作记录；

3．思考出描述员工行为的词语，就事论事，而不是就事论人；

4．正面看待员工，任何情况下都需要心平气和；

5．做好应对员工可能的过激行为的思想准备，并想好应对之策；

6．考虑将要问的问题，以开放式问题为主；

7．预想员工会问的一些问题及会有的举动，并考虑好应对方式等。

## 三、辅导员工六步骤

第一步：陈述目的

大堂经理应该让员工知道辅导的目的是为了帮助他，要表达帮助员工改进的良好意愿，并且这个目的是积极的。这样将减少员工的忧虑，并让员工知道大堂经理的期待。例如，大堂经理应对某员工说："今天，我们讨论的是如何保证准时上班的问题"，而不能

说："今天我们要谈谈你总是迟到的问题。"因为这是一种负面的评价，容易引起对方的反感。

同时，为了让员工放松心情。可以亲自给员工开门，给员工倒一杯水，面带和善的表情，停下手头的工作，表示对员工的重视，恰当地安排座位，不要在宽大的办公桌后面与员工交谈，让员工有距离感和压力感。

第二步：描述问题

针对事不针对人，表达要具体明确。大堂经理在辅导中要用关心的态度和语气，其前提是假设员工是无辜的，而不能主动地认为就是员工的责任。

第三步：积极聆听，收集信息

大堂经理应该允许员工解释他的行为，充分运用积极聆听的原则和技巧收集更多的事实，并努力理解员工的观点。

第四步：双方确认原因

大堂经理应该深入挖掘事实，搞清楚问题产生的原因，不要把问题和原因混在一起。

第五步：解决方案

大堂经理在和员工谈话的时候，可以采取开放式的提问，比如说："你觉得怎么样才能准时上班呢？"或者采取封闭式的提问，提出自己的看法。比如对员工说："你看这样行不行，每天

晚上早睡半个小时，给自己起床的时间设定个闹铃，提前十分钟离家。这样是不是可以避免堵车？"

第六步：员工总结

大堂经理需要知道员工如何理解解决办法、如何承诺解决办法。大堂经理辅导的目的在于获得员工对解决办法的认同和承诺，最后的结论由员工自己说出来，相当于员工的正式承诺，对于员工以后的行为将起到约束作用。

# 第五节　巡查管理

为树立银行良好的社会形象，提高银行营业厅服务水平，各营业网点需设专人认真执行巡检制度，加强营业大厅的环境管理，确保任何时刻银行都能保持干净、整洁，设备正常运行。大堂经理是日常巡查的负责人。

## 一、巡查的基本要求

因为营业厅环境是处于变化之中的，所以环境管理也要采用动态的方式管理。每天开始营业前，大堂经理应对物品情况进行检查。在营业期间，要根据网点的情况进行整理，如随时整理填单台面、补充单据、保障签字笔书写流畅。在营业期间，大堂经理发现客户已填写且又废弃的凭条、申请书等单据要放入碎纸机销毁或撕碎后再丢弃；发现柜面、桌面、营业大厅内有废弃纸屑或其他不洁物质要立即清理或安排保洁员清除；雨雪天气时应提示保洁员放置防滑提示牌，在有水的地方放置防滑提示牌或防滑垫，并提示保洁员及时将地面擦干；协助保安员或引导员，引导客户使用雨伞架或伞套机。营业结束后，大堂经理需要整理营业环境、收集客户意见等。

## 二、巡查内容

大堂经理巡查内容可参照表3-4。该表为某银行的营业厅环境巡查

表，大堂经理可以参考表中所列营业厅现场环境的巡查要点执行。

表3-4　　　　　　　　　**营业厅环境巡查表**

网点：　　　　　　　　　　　　检查日期：　　　年　　月　　日

| 检查项目 | | 检查内容 | 检查情况 | 备注 |
|---|---|---|---|---|
| 门楣招牌 | 招牌 | 银行LOGO无明显褪色；完好无破损；采用内透光照明的且灯管完好。 | | |
| | 机构牌和营业时间牌 | 机构名牌及营业时间牌内容是否正确且牌面整洁完好无破损。 | | |
| | 玻璃门、玻璃墙面 | 玻璃防撞条和推拉门标识无破损，干净、整洁、无脱色、无指纹等污渍。 | | |
| | 卷帘防盗门 | 白天收起隐藏，是否干净整洁无张贴物。 | | |
| | 外墙广告 | 宣传内容是否符合总行和分行要求；是否更新及时，是否无明显褪色，且完好无损。 | | |
| 区域负责人签名：　　　　　　　　　　　　主管签名： | | | | |
| 咨询引导区 | 接待引导台 | 台面干净整洁，无张贴物，完好无破损。 | | |
| | 便民箱 | 老花镜、常用药品等是否齐备。 | | |
| | 碳素笔 | 碳素笔，用纸进行测试，看能否正常书写。 | | |
| | 其他 | 接待台柜子里应放置备用的现金袋、银行纸袋。所有裸露的电源线必须全部整理好，不得散开。 | | |
| | 取号机 | 取号机干净整洁。取1个号测试机器，检查取号单显示的日期、时间、号码、业务种类等是否正确。 | | |
| | 雨伞架 | 雨伞架完好整洁，放置在营业厅入门处的两侧均可，并检查雨伞是否摆放有序（雨天摆放，晴天可不摆放）。 | | |
| | 业务申请书 | 开户申请书、转账汇款单、专业版申请书、理财申请书、挂失申请书、第三方存管申请书等常用单据，所有业务申请保证充足，根据各网点客户流量，保证一天的用量。 | | |
| 区域负责人签名：　　　　　　　　　　　　主管签名： | | | | |

续表

| 检查项目 | | 检查内容 | 检查情况 | 备注 |
|---|---|---|---|---|
| 自助服务区 | 自助查询机 | 设备干净整洁。开启，做一笔查询交易测试机器是否正常运作，打印纸是否充足，打印记录是否清楚。 | | |
| | 自助存取款机 | 干净整洁，有无张贴安全用卡提示、中英文的操作说明、温馨提示、银联通用标识，各种标识有无损坏。开启，做一笔存款或取款交易测试机器是否正常运作，打印记录是否清楚。 | | |
| | 自助终端机 | 干净整洁。开启，做一笔查询，测试机器是否正常运作，打开盖子检查打印纸是否充足。 | | |
| | 电话机 | 干净整洁。拿起话筒检查是否在2~3秒内自动接通总行电话银行。求助电话是否正常使用。 | | |
| | 客户意见簿 | 在醒目位置摆放，检查前日客户留言是否回复，未回复应及时补漏。 | | |
| | 宣传架 | 干净整洁，宣传资料充足。 | | |
| | 设备运行 | 故障率不高于30%，即三台设备的网点最多只能允许一台设备出现故障。 | | |
| | 折页 | 按分行清单整齐摆放，折页无过期、无破损。每种折页放置的数量适中。 | | |
| | 收费标准 | 完好无破损、无过期。 | | |
| | 安全提示 | 完好无破损。 | | |
| | 玻璃防撞条 | 玻璃防撞条和推拉门标识是否无明显破损，是否干净、整洁、无脱色、无指纹等污渍。 | | |
| | 环境卫生 | 地面墙面干净整洁，垃圾桶垃圾及时清楚，光线充足柔和。 | | |
| | 区域负责人签名： | | 主管签名： | |
| 电子银行服务区 | 上网电脑 | 开启，进入银行网页查看是否联网正常。 | | |
| | 桌面 | 桌面无任何杂物。 | | |
| | 坐椅 | 干净整齐，无破损。 | | |
| | 其他 | 所有裸露的线有无散开。 | | |
| | 区域负责人签名： | | 主管签名： | |

续表

| 检查项目 | | 检查内容 | 检查情况 | 备注 |
|---|---|---|---|---|
| | 复点机 | 开启，用练功券测试复点机是否正常。 | | |
| | 饮水机 | 开启，饮用水和水杯足够，水质不过期，无异味。 | | |
| | 回单箱 | 开启，表面干净。 | | |
| | 时钟 | 正确清晰显示时间、日期。 | | |
| | 利率牌 | 利率显示是否正确、齐全（各类存期的品种）。 | | |
| | 电视 | 开启液晶电视，正常播放。 | | |
| | 书报架 | 架子完好整洁，有最新的报纸杂志。 | | |
| | 排队隔栏 | 横直线拉直，不歪。 | | |
| 客户等候区 | 宣传栏 | 公告《中国人民银行人民币收缴、鉴定管理办法》及《残缺污损人民币兑换办法》，表面干净无灰尘。 | | |
| | 宣传架及折页 | 干净整洁，折页无过期、无破损。每种折页放置的数量应适中。 | | |
| | 服务监督电话 | 行长投诉电话及24小时服务热线号码牌无破损、干净整洁、字迹清晰，对外服务电话机正常使用。 | | |
| | 收费标准 | 张贴各地区零售业务收费标准、各地区国内人民币结算收费标准、各分行公司中间业务收费标准、各地区外汇业务收费标准，完好无破损。 | | |
| | 客户意见簿 | 在网点大厅醒目位置摆放客户意见簿，留言要本行规定时限内及时回复，若是投诉必须立即处理。 | | |
| | 其他 | 捐款箱、擦鞋机、手机充电器等，一并检查是否正常运行并保持整洁。 | | |

区域负责人签名：　　　　　　　　　　主管签名：

续表

| 检查项目 | | 检查内容 | 检查情况 | 备注 |
|---|---|---|---|---|
| 客户填单区 | 填单台 | 干净整洁、无客户涂画痕迹、无破损。 | | |
| | 填单范本 | 干净整洁、无破损。 | | |
| | 安全提示 | 完好无破损。 | | |
| | 笔、笔架 | 填单台，窗口，低柜，会计柜签字笔书写流畅，笔架完好。 | | |
| | 计算器 | 填单台排放计算器，并且保持干净整洁，正常使用，无涂画痕迹，无张贴饰物。 | | |
| 区域负责人签名： | | | 主管签名： | |

| 检查项目 | | 检查内容 | 检查情况 | 备注 |
|---|---|---|---|---|
| 营业厅环境卫生 | 总体环境 | 干净、整洁、协调，光线充足柔和，温度适宜，天花板及各类灯具干净。 | | |
| | 墙面、地面 | 墙面、地面、玻璃、窗帘干净整洁、无破损。 | | |
| | 电源线 | 所有电源线不得裸露。 | | |
| | 办公桌面 | 大厅内办公桌面干净，整洁；桌底除电脑主机外无其他任何杂物。 | | |
| | 椅子 | 客户等候椅子摆放整齐，干净。 | | |
| | 设备卫生 | 干净，无乱张贴。 | | |
| | 绿化植物 | 无枯萎凋落或变黄。 | | |
| | 垃圾桶 | 干净，无异味。 | | |
| 区域负责人签名： | | | 主管签名： | |

| 检查项目 | | 检查内容 | 检查情况 | 备注 |
|---|---|---|---|---|
| 柜面窗口 | 暂停营业 | 窗口无人上岗时，放置"暂停营业"牌。 | | |
| | 柜台窗口 | 签字笔、笔架完好，笔书写流畅；柜台可统一摆放小盆绿色植物；密码输入器靠出钞口的右边。 | | |
| | 窗口标识 | 窗口标识是否清晰，中英文对照，字迹无脱落和明显褪色。 | | |
| 区域负责人签名： | | | 主管签名： | |

从表3-4可以看出一般现场环境检查要点包括：

班前主要检查各类设备设施是否可以正常运行、各类单据数量是否充足、照明情况、营业厅环境卫生状况、宣传物料是否在有效期内等。

班中主要检查各类设备运行有无故障、环境卫生状态保持情况等。

班后主要检查单据和折页是否需要补充，客户意见是否及时处理等。

一般大堂的环境巡检分为两类，一类为固定时段的全覆盖管理，要求大堂经理手持环境巡检表在班前、中午两点、班后进行多次全范围检查，逐一对照，查看卫生环境、设备设施、宣传物料是否正常运作等，如发现问题及时处理，第二类为大厅不间断式、走动式巡查，具有不确定性和灵活性，一般不需拿巡查表，只需在为客户服务过程中去发现并及时维护厅堂的环境卫生、物品归位、花木干净等。

以上两类巡查的结果处理一般应遵照"高效"原则，大堂经理能现场解决的，不遗留到第二天，不转介到第二人，如发现客户喝水后所遗留的水杯，原则不超过5分钟内应及时清理，客户看完报纸后随手放在等候椅上，大堂经理应及时归位，大堂经理看见花木已有泛黄的叶片，应第一时间摘除黄叶；不能自己现场解决或需要他人协助的，需第一时间委托其他工作人员做现场处理，不能留在下一秒，如客户不小心将水杯打翻，大堂经理应第一时间通知清洁人员做及时处理，防止厅堂客户摔倒。如果委托其他人员也不能现场

处理的事情，如点钞机发生故障，需要厂商工作人员来维护，厂商工作人员来前，大堂经理应做好告知牌，告知客户点钞机暂时不能工作，敬请谅解。告知牌可写得人性化、生动化，如"对不起，我生病，一天后恢复，敬请原谅"。如自助设备出现临时故障，稍后才能恢复，大堂经理应及时摆放"设备故障牌"引导客户到其他设备上操作。

# 第六节　晨会、夕会管理

晨会、夕会是大堂经理与其他岗位同事沟通交流的重要平台，有效组织晨会、夕会，将为流畅内部沟通、全面服务客户奠定基础。

## 一、晨会管理

### （一）晨会的意义和作用

1. 晨会的意义。晨会作为一种系统性的管理手段，已经成为营业厅管理的首要环节。这个环节的深层意义在于使每个员工处于良性的宽松环境之下，运用必要的督促管理手段，达到管理者心中所定的目标。

2. 晨会的作用。

（1）调整员工情绪。通过集体喊口号、唱歌等方式，将员工的情绪调整到积极状态。创造一个让员工有成就感的工作环境，营造互帮互争的团队氛围。晨会是情绪的"调节器"，它可以调节工作中不良的情绪及做法，晨会是唤醒员工的"闹钟"。

（2）具体化员工工作目标。让每个员工清楚地知道当天工作任务，明确工作重点，让所有的员工知道当天网点的工作重点。

（3）鼓励先进。表扬昨天表现较好的员工，晨会是激励士气，团队建设的"啦啦队"。

（4）经验分享。让表现较好的员工当众分享他的工作心得，晨会是教育训练员工的"充电器"，晨会是业务推动的"号角"。

3．晨会的要点和原则。

（1）晨会的原则：程序紧凑，前后贯通；控制时间，充分发挥；知性教育，感性激励；业绩喜讯，活动有力；充分准备，创新变化；宣导贯彻，配合充分。

（2）晨会的要素：高出勤率，时间掌控得当，程序设置科学，资料准备翔实，内容设计有针对性，晨会主持得当，士气高昂。

## （二）如何开晨会

晨会时间不长，一般只是10～15分钟。事前的准备能够让晨会内容更翔实，重点更加突出，举例更有说服力。

1．确定晨会主题。大堂经理可以把日常业务分解为服务回顾、新产品学习、内控风险、确定营销目标、回顾营销业绩、工作安排等，按照每个网点的具体情况和发展状况，有针对地选择其中一到两个作为当天晨会的主题。

2．晨会资料准备。所有平时收集的资料都可以用在晨会上，可以把晨会文件分为几类：上级行下达的业务学习文件、支行业绩统计表、考勤表等。一般提倡公开表扬，私下批评。所以，对于员工做得不错的，可以在晨会公开表扬；对于做得不足的个人，可以不

点名批评或委婉批评。

材料清单：内控管理的文件、总分行服务检测结果、昨日各重点产品的销售业绩清单，如保险、基金、黄金、信用卡、贵宾卡、网上银行等指标业绩，新一款产品如保险、基金的介绍材料、总分支最新推出的营销活动等。

3．晨会参与对象。营业厅当值人员应全部参加，包括大堂经理、理财人员、柜台人员等。

4．晨会主持技巧。

（1）晨会的互动。晨会如果变成了行长或大堂经理独自演讲，效果肯定不会好。首先是站位，如果有可能，最好站成一个圆圈，或2层的圆圈。这样可以让员工更有参与感。另外，要让员工积极发言，鼓励员工的分享，让分享人觉得这是一种荣誉，对其他员工也是激励。

（2）晨会的时间控制。首先，紧扣晨会的主题是时间控制的第一步；其次，提前制定好晨会流程和计划，可以有效避免晨会变得拖沓；合理而灵活地调整晨会节奏可以在必要的时候做出“有计划的拖延”，有时能取得更好的效果。

（3）晨会故事。一个简短明了的故事比很多言语的讲述都要更有效，所以，适当地准备一些故事，在需要的时候用故事开头能收到更好的效果。讲故事的人可以是大堂经理，也可以是大堂经理指定的员工，讲了故事还要和大家分享对故事的体会。

（4）晨会形式。大堂经理要经常变化晨会的形式，在简明、高效、严肃的氛围中激发员工一天的工作热情。可采取轮流主持、财经信息互动、销售经验大家谈、业务知识抢答赛、销售演练、服务晨训、游戏互动等形式。

## （三）晨会的步骤

一般支行所有服务人员一起集中站立，由大堂经理或分管行长主持，时间10～15分钟。

【主持问候】向大家问候辛苦。

【员工回应】统一的口号如"好，很好，非常好"。

【礼仪晨训】按照礼仪培训的要求做晨训。

【成绩总结】总结前一日支行的目标达成情况，通过销售成果统计表、唱分等，肯定上日的销售成绩和服务。

【表扬先进】分析服务和销售成功，表扬先进员工，并由其分享心得体会。

【当日重点】由大堂经理向大家明确今天的各项工作计划和目标。

【团体击掌】大家一起击掌后开始班前准备。

## （四）晨会记录

设计晨会记录本，记录每日晨会的纪要，具体内容见表3-5。

表3-5 晨会会议纪要

| 时间 | |
|---|---|
| 参会人员 | |
| 主持人 | |
| 上日核心业绩 | |
| 会议内容 | |
| 备注 | |

记录人：

# 二、夕会管理

## （一）夕会的意义

夕会最核心的目的便是总结、提炼、分析、解决问题。通过一天的运作发现闪光点，提炼成功的经验，推荐次日晨会经验分享的先进个人。同时小结本日的目标是否达成，未达成的障碍在哪里，困难有哪些，通过分析找出解决问题的方法。大堂经理应充分利用夕会及时发现存在的问题，解决员工的困难，调动员工情绪，做好工作部署。

## （二）如何开夕会

1. 夕会和晨会的区别。夕会时间一般在30分钟左右，时间相对充裕，可以深度展开。晨会主要是明确当天目标鼓舞士气，夕会更

多的是总结当天的情况并组织大家学习和讨论。

【检视目标达成】统计并公布当天销售成果，检视各员工目标达成情况，审查、评估工作情况。

【听取意见】提问是收集信息的重要途径，管理者可以通过提问引发员工的思考，让员工自主去寻找问题的答案，倾听团队成员的情况反馈，不为回答而听，为理解而听，真正了解对方的想法，成为团队成员的可靠支持者。

【解决问题】对发现的问题给出解决方案，激发每一个团队成员的积极性，让员工共同参与问题的解决和决策。

【鼓舞士气】维护每一个成员的士气，士气是员工行为的基础，管理者不应将注意力仅仅停留在任务目标上，而应更多关注员工的工作状态和士气，不断给予员工鼓励。

【发现典型】表扬当天表现较好的员工，并安排其在次日晨会上分享心得。

【业务学习】针对新推出的产品或服务相关规范等展开讨论学习，一起分析如何能更好地开展各项工作。

2．夕会参与对象。夕会主要分条线进行，大堂经理、理财人员参会，柜台人员可选派代表参加。

### （三）夕会的步骤

由大堂经理或其他主管主持，分管行长可选择参加。夕会后各

部门主管碰头进行5分钟的条线间交流、汇报情况。

【主管问候】向大家问候辛苦。

【成绩总结】总结目标达成的情况，通过销售成果统计表、唱分等，肯定一天的销售成绩。

【员工心得】听取员工心得，每位员工一句话对当日工作亮点和难点做概括。

【集体讨论】集体讨论存在的问题及解决方案，或针对当日发生的重大财经事件（例如调息、股市大幅波动、同业重要产品推出等）进行信息通报并讨论应对策略和工作。

【表扬先进】分析销售成果，表扬先进员工，评出每日销售或服务明星，进行营销人员或服务人员之间的工作经验交流。

【学习演练】组织营销案例和销售话术的演练，或针对时势、产品与新规进行业务方面的学习和分析。

# 第七节　质量记录

大堂经理工作涉及方方面面，如大厅每位员工的销售、服务情况、大厅的环境管理情况、员工的考核情况、晨会开展情况、培训进行情况等。为规范管理，便于日后的检阅和追溯，因此需要不同的质量记录作为载体来记录管理过程。

## 一、营业厅服务人员销售和服务质量监控表

一般在大堂经理管理过程中，运用非现场管理手段——录像监控调阅时常用"营业厅服务人员销售和服务质量监控表（见表3-6）"，重点记录员工在过去销售和服务工作中的亮点和不足，同时针对不足找到解决问题的方法及结果。要求使用时记录详细，重点细节描述清楚，评价客观。

表3-6　　营业厅服务人员销售和服务质量监控表
（录像监控）

网点：　　　　　　　　　　　　　　　　　　　年　　　月：

| 调阅日期 | 调阅人 | 岗位 | 姓名 | 监控内容描述（销售和服务工作情况） | 解决方法及结果 |
|---|---|---|---|---|---|
|  |  |  |  |  |  |
|  |  |  |  |  |  |
|  |  |  |  |  |  |

注：1. 每周至少调阅一次或两次，每季度覆盖全体营业厅服务人员；

　　2. 调阅监控的结果应与员工本人进行沟通反馈；

　　3. 如果作为优秀服务案例学习，网点组织学习完毕后，应作为优秀服务案例收集，并报上级管理部门。

## 二、营业厅服务人员考核表

此表用于月度考评时工作人员"服务类"指标的考核情况。（见表3-7）现在越来越多的银行将服务管理提上了一个重要议事日程，将其纳入综合考核，此表可提供最原始数据来源，一般每月填报一次，由大堂经理负责填报，网点分管零售的行长负责审核。

表3-7　　　　　　　　营业厅服务人员考核表

网点：　　　　　　　　　　　　　　　　　　　　制表日期：

| 姓名 | 岗位 | 考核项目 | | | | | 总分 | 考核结果 |
| --- | --- | --- | --- | --- | --- | --- | --- | --- |
| | | 仪容仪表 | 工作纪律 | 服务质量 | 业务能力 | 团队精神 | | |
| | | | | | | | | |
| | | | | | | | | |
| | | | | | | | | |
| | | | | | | | | |
| | | | | | | | | |
| | | | | | | | | |
| | | | | | | | | |
| | | | | | | | | |

考核人：　　　　　　　　　　　　　　　　　　　　审核人：

## 三、大堂经理工作日志

大堂经理工作日志（见表3-8）用以记录大堂经理一天的工作计划、销售业绩、服务情况、主要问题发现、整体员工工作表现等，是大堂经理最重要的工作质量记录，由大堂经理本人负责在每日班后填写，大堂经理休假或不当班时，由大堂经理代理人负责该日志的填写。

表3-8　　　　　　　　大堂经理工作日志

年　　月　　日　　星期

| 当日工作计划 | |
|---|---|
| 客户流量 | 普通客户：　　　　　　贵宾卡客户： |
| 人员安排 | |
| 各团队表现 | |
| 当日营销业绩 | |
| 当日服务质量 | 亮点：<br>不足： |
| 晨夕会要点记录 | |
| 待办事宜 | |
| 主管行长批阅 | |

## 四、大堂业绩日报

每天营业结束后，大堂经理通常需要通过不同的渠道来发布一天的工作成绩，重点成绩之一就销售业绩的统计汇总。目前许多银行常采用的渠道有内部邮件发送、手机短信通达、QQ群信息通达、纸质版业绩通报等形式。不管哪种渠道通达，都需要一个载体来记录销售成绩，那便是大堂业绩日报。

【日报的要求】

内容清晰、数据真实、统计及时、填写完整。

【日报的要素】

1. 基本要素：涵盖时间、填报单位、填报人等。

2. 核心指标：统计销售主体当日各项业绩完成情况、排名或积分情况等。

3. 其他说明项：需备注说明的事项。

表3-9　　　　　　　　银行销售日报表

填报网点：　　　　　　　　　　　　　　　　填报日期：

| 项目 | 规模 | | 客群 | | | 创利 | | | |
|---|---|---|---|---|---|---|---|---|---|
| | 存款新增 | 总资产新增 | 普卡 | 贵宾卡 | 信用卡 | 保险 | 基金 | 理财 | 第三方存管 |
| 张三 | | | | | | | | | |
| 李四 | | | | | | | | | |
| 王五 | | | | | | | | | |
| 小计 | | | | | | | | | |

填报人：

销售日报表一般每日一份。每日日终前由大堂经理汇总各类数据后统一发送给各岗位销售人员，同时抄报分管行长，让大家及时掌握每日的销售进度和每个人的业绩情况。对于当日业绩较突出的个人或项目，可以在当天的夕会上总结，在次日的晨会上做经验分享。

## 五、满意度评价

满意度评价的方式有很多种，一般网点常用的方式有电话回访、服务评价器点评、现场问卷采访、短信调查、网上问卷的方式等。服务评价器、短信调查一般所能了解的多为客户对银行整体服务的整体感观，较为抽象，很难剖析到影响客户服务感观的最核心因素，主要优点是结果易收集，分析容易，操作时效快。其他方式如电话采访、现场问卷调查等，都需要针对银行想了解的客户评价主体，进行精心的问卷设计，下面重点讲述问卷设计的相关内容。

### （一）规范的问卷设计流程

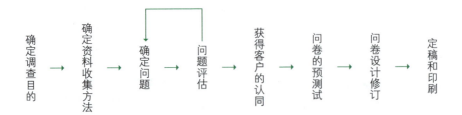

确定调查目的 → 确定资料收集方法 → 确定问题 → 问题评估 → 获得客户的认同 → 问卷的预测试 → 问卷设计修订 → 定稿和印刷

### （二）问卷设计原则

问卷设计应遵循如下原则：问题应该针对单一论题；问题应该

简短；问题应该以同样的方式解释给所有受访者；问题应该使用所有受访者的核心词汇；问题应尽可能使用简单句。

在设计问卷时需要特别注意避免以下情形：用词不当；问卷逻辑形式不合理；误导被访者；问卷太长；问题选项不齐全；看上去杂乱；用错标准。

## （三）问卷实例解析

××银行营业厅服务满意度调查问卷

尊敬的客户：

您好！

为提升我行对您的服务水平，我行编制了简单的服务调查问卷，烦请你拔冗回答，不胜感谢！

××银行 _____ 支行

1. 一般您在哪个时段到我行办理业务？

□上午10：00以前　　　　　□上午10：00～12：00

□上午12：00～下午2：00　　□下午2：00～4：00

□下午4：00以后　　　　　　□工作忙，一般是周末去

2. 您喜欢使用的我行服务方式是（请选择一种）？

□网点柜台　　　　□自助银行　　　　□网上银行

□电话银行　　　　□手机银行

3. 您觉得与其他银行相比，我行比较有优势的是以下哪些方面（可多选）：

☐银行品牌好　　　　☐业务品种全

☐员工素质高　　　　☐服务效率高

☐服务态度好　　　　☐网点环境舒适

☐网点分区清晰　　　☐自助设备使用方便

☐人员引导及时　　　☐理财人员专业

☐新产品介绍及时明确　☐其他：_____

4. 您对我行网点的服务引导感觉如何？

☐非常满意　　　　☐很满意　　　　☐一般

☐不满意，没有人引导　　　☐不适用

5. 如果在营业厅入口处安排引导员，您感觉如何？

☐非常必要　　　　☐很必要　　　　☐有必要

☐没必要　　　　☐根本没必要

6. 您觉得我行服务分区如何？

☐非常合理　　　　☐很合理　　　　☐一般

☐不合理　　　　☐非常不合理　　　☐不适用

7. 您在等候办理业务时，您希望通过以下哪种方式获得新产品信息？

☐电视屏幕　　　　☐产品公告栏　　　☐工作人员介绍

☐产品印刷资料　　☐其他：_____

8. 您在等候办理业务时，您希望工作人员能够在以下哪些方面为您服务？（可多选）

☐提供饮料　　　　　　☐提供理财资讯

☐协助填单　　　　　　☐提供业务品种信息

☐提供促销信息　　　　☐其他：＿＿＿＿＿＿＿＿＿＿＿

9. 您对我行网点在填单台、等候区的工作人员服务满意吗？

☐非常满意　　　　　　☐很满意　　　　　　　☐满意

☐一般　　　　　　　　☐不满意，经常找不到人

10. 如果您取现金在2万元以下，您愿意通过自动柜员机办理吗？

☐愿意　　　　　　　　☐如果有人协助，愿意使用自动柜员机

☐还是愿意到柜台办理，因为：＿＿＿＿＿＿＿＿＿＿＿

11. 您经常到我行柜台办理以下哪些业务？

☐2万元以下存取款　　☐2万～5万元存取款

☐大额存取款　　　　　☐转账/汇款

☐开通功能　　　　　　☐信用卡还款

☐买卖基金　　　　　　☐购买保险

☐购买理财产品　　　　☐买卖外汇

☐缴费　　　　　　　　☐其他：＿＿＿＿＿＿＿＿＿＿＿

12. 您对我行网点的柜台服务满意吗？

☐非常满意　　　　　　☐很满意　　　　　　　☐一般

☐不满意　　　　　　　☐很不满意

13. 您在柜台办理业务时，一般等候多长时间？

□5分钟以下 □5～10分钟 □10～15分钟

□15～20分钟 □20～30分钟 □30～40分钟

□40分钟以上

14. 如果为5万元以下现金交易设立专门的快速业务柜台，您感觉如何（如未设，不选）？

□非常必要 □很必要

□有必要 □没必要

□根本没必要

15. 为了提高速度，如果这个快速业务柜台采用站立排队方式，您的意见（如未设，不选）？

□时间短，可接受 □站着排队，有点不舒服

□您觉得排队在多长时间内较合适？_____分钟

16. 您习惯使用网上银行吗？

□习惯 □不习惯，但愿意尝试

□不习惯

17. 如果在网点设立电子银行服务区，辅导客户使用网上银行，您认为有必要吗？

□非常必要 □很必要 □有必要

□没必要 □根本没必要

18. 对于购买理财产品，您希望通过哪种方式办理?

☐普通（高）柜台　　☐开放式（低）柜台　☐自助银行

☐网上银行　　　　　☐电话银行　　　　　☐无所谓

19. 工作人员在为您办理购买理财产品手续时，您是否希望他能为您介绍更多的产品供您选择?

☐非常希望　　　　　☐很希望　　　　　　☐希望

☐不希望　　　　　　☐很不希望

20. 您对我行网点的服务总体感觉如何?

☐非常满意　　　　　☐很满意　　　　　　☐满意

☐一般　　　　　　　☐不满意　　　　　　☐很不满意

调查完毕，再次向您表示诚挚谢意!

这套调查问卷就很好地把握了问卷设计的原则，对银行想了解的具体事项、具体岗位以及客户需求进行了封闭式的问题设计，让客户能快速准确地找到反映自己内心真实想法的答案，也让银行能通过数据的收集和分析，找出银行客户的真实体验和潜力需求。

# 第八节　追踪管理

追踪是一种日常工作，绝大多数行动计划和追踪工作都属于日常工作的一部分。追踪必须成为大堂经理自觉进行的一项日常管理工作。

## 一、追踪的重要性

要确保执行，追踪必不可少。追踪就是对日常工作或安排的任务进行必要的检查，使得计划或工作保质保量地完成。

所有的工作计划、授权和工作内容都必须明确列出由大堂经理或其他人进行追踪，如果没有安排追踪人和追踪时间的话，大堂经理就无法知道员工是否按照计划执行任务。

## 二、追踪的技巧

大堂经理的关键职责之一是向员工提供工作反馈，而有效反馈的关键在于向员工描述他所做的事而非个性，陈述的重点放在员工的表现上。在营业厅，大堂经理可以运用的反馈方式有三类，即正面反馈、负面反馈和建设性反馈。

### （一）正面反馈——表扬

正面反馈是大堂经理针对员工良好的表现和行为给予正面的

表扬。表扬员工的时候，要尽量针对员工所做的具体事情，只有这样才是真诚的表扬。当员工正确执行了工作程序或者遵守工作制度时，大堂经理要使用正面反馈。因为正面反馈有助于激励员工继续保持高服务标准和工作热情。

例如，"小娜，你今天微笑服务做得很不错！""珍珍，今天有位客户赞扬你介绍产品时非常耐心、热情，要继续保持啊！"

大堂经理在营业厅值班的时候，发现员工良好的行为要及时给予反馈，这样员工就更加清楚自己努力的方向，而且受到表扬后会更有干劲。

### （二）不良反馈——负面反馈和一般反馈

有些大堂经理在营业厅可能会对员工这样说："你怎么这么粗心啊！今天你在为客户办理补卡业务时没有复印客户的身份证。"诸如此类的反馈就是负面反馈。所谓负面反馈，是指大堂经理对员工的人格、个性进行描述，而不是对事件的描述，员工不能从负面反馈中得到任何有用的帮助。

如果大堂经理这样说："你今天办理补卡业务时没有复印客户的身份证。"这种反馈与刚才的负面反馈就不一样了，我们称为一般反馈。所谓一般反馈，指对事情本身进行直接描述。

### （三）建设性反馈

当员工错误地执行了工作程序或没有遵守工作制度时，大堂经理要使用建设性反馈，目的是用积极的方式纠正员工错误的行为。例如，大堂经理对某员工说："我看你去复印身份证时没有对客户说明你要离开一下，以后注意这一点，你的服务就更完美了。""今天你的表情不太阳光，我建议你放一面小镜子，这样可以随时看见自己的表情，并能够时刻提醒自己，你认为我这个建议怎么样？"

建设性反馈包含以下几个方面的内涵：

1．指出问题，描述具体行为。在上面的两个例子中，大堂经理都是在具体描述某一件事情，没有任何倾向性的评价和个性色彩，因此员工比较容易接受。

2．建议对方应该怎么做（如果对方不会做，应该示范一下），并解释这样做的原因。

告诉对方应该怎么做是建设性反馈的核心，指出对方问题的目的是为了帮助他改正错误，而不是让他难堪，也不是为了显示自己的权力或比他人聪明。

3．还可以告诉对方如果现在改善，客户或员工本人会得到什么利益。

比如我们赞美一位学员：

"你的学习态度非常认真，每天都用半个小时来读书，这对你将来成为一位管理者非常有帮助。即使你将来不是一位管理者，认真的学习态度也会大大提高你的专业性，使你能够在职场中脱颖而出。"

# 三、什么情况需要追踪

## （一）下列情况需要大堂经理每天进行追踪

- 如果员工是个新手；

- 如果改变了日常管理秩序；

- 如果营业厅正在执行一项新的日常程序；

- 如果是非常重要的日常工作。

## （二）下列情况需要大堂经理每周进行追踪

- 如果是每周的工作任务；

- 如果一项工作在相对较长的时间内一直进行得比较顺利；

- 如果把工作授权给一个员工，而他以往的工作表现表明需要进行追踪。

## （三）下列情况需要大堂经理每月进行追踪

- 每个月进行一次的工作；

- 工作经验比较丰富的员工承担的重要工作。

# 第四章

## 银行大堂经理营销管理

　　银行网点是向客户提供产品和服务的主要渠道，是为客户提供面对面金融服务的基本平台。大堂经理的职责之一是做好大堂营销，包括了解客户需求，根据客户类别和业务办理种类引导、分流客户，有效管理大堂营销资源，充分发挥网点现场服务和现场营销功能，向目标客户推介和销售产品，深度开发客户价值，做好大堂商机管理以及实施客户关系管理等一系列具体工作。

# 第一节　大堂经理营销的含义和理念

银行大堂承担着营销各种产品、服务的基本职能，牢固树立正确的营销理念，是大堂经理有效履行职责，做好大堂经理营销工作的必要条件。

## 一、大堂经理营销的含义

大堂经理利用网点营销资源，对进入网点的客户进行识别引导、需求挖掘、现场推荐、产品推介、销售服务等的营销活动。

## 二、大堂经理营销理念

### （一）以客户为中心的营销理念

"以客户为中心"是银行营销理念的支柱和核心。银行的营销理念，是在特定的历史条件下产生的与生产力发展水平和经营环境相适应的产物，是银行适应经营环境变化的必然选择。"以客户为中心"营销理念的产生和发展，推动大堂经理营销进行一系列变革，确立客户的中心地位，重新构建银行与客户之间的平等合作关系；以客户需求为导向，围绕满足客户需求配置资源、改造产品组合、再造业务流程和组织结构；以满足客户需求为目的，高度重视客户满意及其消费体验，通过满足客户需求实现经营目标。

大堂经理在履行大堂营销职责的过程中，必须牢固树立以客户为中心的营销理念，并且要把这种营销理念内化于心、外化于行，贯穿于各项营销工作始终。

## （二）用心服务的营销理念

大堂经理营销必须秉承用心服务原则，真诚地与客户沟通，为客户提供服务，以改善客户消费体验为己任，不断寻求改善服务的方法、措施。

## （三）团队协作理念

大堂经理营销的对象包括多个层次客户群体，所销售的产品和服务纷繁复杂，营销工作关联到网点各个岗位和各个员工。满足客户多元化需求，需要网点各个岗位相互协同；实现对客户的交叉销售，深度开发客户价值，需要各个岗位相互支持；改善客户销售体验，需要网点各个员工共同努力；提高网点营销水平和竞争力，更离不开网点各个岗位、各个员工分工协作。因此，大堂经理营销必须牢固树立团队协作理念，弘扬团队协作精神，发扬团队协作优势，不断强化高效团队建设。

## （四）特殊群体消费权益保障理念

残障人士、重大疾病患者、高龄老人等特殊群体在申请办理银行业务时，往往会出现需要本人办理而当事人又不能亲临现场等情形。对此，大堂经理不能简单地以内部规章制度对抗国家法律规定，更不能损害当事人的合法权益，而应当正确处理法定义务与银

行规章制度之间的关系，通过上门服务等方式，依法合规、积极主动地帮助特殊群体客户解决办理业务面临的困难，自觉维护特殊群体消费者的合法权益。

### （五）风险管理理念

网点是银行面向市场、直接向客户提供产品和服务的营业机构。银行的大量业务、交易及服务在网点"落地"或实现，大堂经理营销必须牢固树立风险管理理念，风险管理理念和风险管理制度必须贯穿于网点各项业务、各种服务始终。大堂经理必须严格遵守国家法律、法规，严格按照各项规章制度及其操作规程办理各项业务，严格禁止超越授权范围办理任何业务，严格禁止违反规章制度从事任何业务活动。

# 第二节　大堂经理营销特点和要求

了解大堂经理营销的特点和要求，有利于大堂经理因势利导地做好营销工作，使大堂经理营销工作取得事半功倍的效果。

## 一、大堂经理营销特点

与其他营销形式比较，大堂经理营销具有以下一系列鲜明的特点。

### （一）客户众多，需求丰富的特点

银行与居民、企业、政府机构、社会团体和事业单位等各种经济组织之间有着紧密的联系。银行客户资源丰富、数量庞大、类型众多，客户的金融需求多样、复杂，大堂经理办理的业务种类和销售的金融产品也日益个性化。

### （二）现场营销的特点

银行网点是客户购买金融产品和办理各种金融业务的交易场所，大堂经理营销是一种典型的现场营销，即大堂经理通过面对面直接营销和现场即期交易满足客户需求，实现产品销售。对现场营销来说，大堂经理的营销服务水平直接影响或决定客户的消费体验和满意程度，决定了客户购买选择和购买的持续性；同时，大堂经理现场营销的特点在很大程度上决定了网点建设特色化、精品化的

发展方向。

### （三）开放式的特点

大堂经理营销是一种开放式营销，大堂经理营销的对象和大堂经理销售的产品是不断变化、发展的。大堂经理既要以大堂作为营销服务的重要阵地，又要将营销延伸至大堂之外；既要深度开发现有客户需求，对现有客户实现交叉销售和跟踪服务，又要在服务辖区及其周边地区不断寻求新的目标客户。同时，银行销售的产品日新月异，大堂经理应将不断发展变化的产品及其能够给购买者带来的利益信息有效地传播给新、老客户。

### （四）一对一销售的特点

银行客户众多，交易频繁，而大堂经理人员有限。在客户需求个性化特征越来越显著的时代，标准化的服务越来越难以满足客户需求，大量客户需要银行提供"量身定做"的服务，需要大堂经理提供一对一的服务。正确处理有效满足客户个性化需求与大堂经理人员有限的矛盾是大堂经理营销管理的一项重要任务。大堂经理在营销服务过程中，要善于利用银行强大的信息资源管理系统发现目标客户和深度开发客户需求，利用银行专家团队及其金融知识和智慧，在系统支持下实现对客户的一对一营销。

## 二、大堂经理营销要求

大堂经理营销的性质和特点决定了大堂经理的营销要求。应认识大堂经理营销特点，按照大堂经理营销要求做好营销服务工作。

### （一）了解客户的能力

　　了解客户的能力主要包括了解客户年龄、职业、住址、家庭成员、联络方式、收入、支出水平、财富状况、需求类型、性格爱好、风险偏好等信息的能力。

### （二）即时识别客户的能力

　　识别客户的能力主要包括识别客户的有效性、客户层级、需求类型、签约交易意愿，以及交叉销售可能性等事项的能力。

### （三）适时满足客户需求的能力

　　适时满足客户需求的能力主要包括沟通能力、发现和挖掘客户需求的能力、产品知识和产品服务组合能力、产品和服务推介水平、促成客户签约和成交，以及交叉销售的能力等。

### （四）即时体察客户反应与应变能力

　　即时体察客户反应与应变能力主要包括：对客户看待产品和服务的态度以及购买意愿的洞察能力；引导客户正确理解产品功能和权益的能力；对客户满意的鼓励和肯定；对客户疑虑的消解以及对客户异议的妥善处置能力；对客户不良情绪的安抚和化解能力等。

### （五）持续有效的沟通能力

　　沟通是大堂经理了解客户需求、与客户建立合作关系、促成客户签约交易、对客户实现交叉销售以及实施客户关系管理的基础。对大堂经理来言，沟通能力是指为了实现与客户建立合作关系而与客户交流信息的能力。有效的沟通能力主要包括：设计沟通方案的能力、与客户建立联系的能力、了解客户需求信息的能力、取得客户信任的能力、正确推介产品服务的能力和维护客户关系的能力等。

## （六）差异化的产品组合能力

大堂经理对客户实施分层服务营销，各个不同层级的客户需求具有很大的差异，同一层级的客户需求也越来越具有个性化特点，这就要求大堂经理具备差异化的产品组合能力。在满足客户需求、销售产品过程中，能够针对不同客户实施差异化产品组合策略。

# 第三节　大堂经理营销流程

　　营销流程简单地讲是指营销工作的活动流向顺序，包括营销的方向、步骤、各个重要工作环节和程序，是营销管理系统中各项工作之间的一种动态逻辑关系。掌握营销流程有利于网点营销人员按照正确的方向、顺序和方法做好营销工作。

## 一、营销流程

　　营销是一个战略性管理过程，战略性营销的内容包括营销计划的制订（即策划）、精心实施、评价结果以及对整套营销方案的调整。战略性营销管理过程清晰地勾画出了营销流程，营销本身是一个策划的过程，这一过程通过准确界定营销目标并设计实现目标的有效途径来控制营销效果；状态分析是通过对本银行优势和劣势的分析，发现机遇和挑战；在状态分析基础上，银行通过市场细分选择目标市场，并针对目标市场定位；围绕满足目标市场需求，设计和实施主要包括产品策略、价格策略、分销渠道和促销策略在内的营销战略组合；对营销方案实施的效果进行评价，将评价结果和调整计划反馈于营销各个环节，以此实现营销效率和营销水平的不断提高。

## 二、大堂经理营销流程

　　大堂经理营销既是一门科学，又是一门艺术。大堂经理营销一方面总体上应当遵循战略性营销流程，另一方面又不能机械地执行战略性营销流程。大堂经理营销有一系列鲜明的特点和要求，特别是作为现场作业式营销，要求大堂经理提前做好必要的营销准备工作，对进入银行的客户进行主动营销，对客户的反应能够及时体察，对客户的需求能够及时予以满足。大堂经理应该增强主动营销服务意识，提高营销服务责任感，掌握主动营销技巧，抓住并充分利用机会，主动地对客户进行识别、建立客户关系、实现对客户的交叉销售，提升营业厅效益。表4-1是大堂经理主动营销流程表。

**表4-1**　　　　　　　　**主动营销流程表**

| 营销环节 | 情景描述 | 服务行动 | 话术参考 |
|---|---|---|---|
| 引导营销 | 在引导客户时，寻找机会向客户进行营销 | 标准行姿，在大厅内按照一定路线巡视 | "您可以了解一下×××业务……"<br>要求态度热情主动。 |
| 分流营销 | 在分流客户时，寻找机会向客户进行营销 | 主动询问 | "您可以了解一下×××业务……"<br>要求态度热情主动。 |
| 等待营销 | 在客户等待时，手持宣传单页，寻找机会向客户进行营销 | 主动询问 | "这是我行新推出的×××，您可以了解一下……"<br><br>要求态度热情主动。 |
| 针对目标客户营销 | 选择目标客户，主动上前进行针对性的客户营销 | 手持相关宣传单张，面带微笑，针对客户潜在需求，推荐产品 | "您这样的贵宾客户，建议您了解一下我行新推的……"<br>要求态度热情主动。 |
| 挖掘需求 | 在与客户沟通过程中，深度挖掘客户需求 | 拿相关宣传单张，走向目标客户，面带微笑，针对客户潜在需求，推荐产品 | "如果您现在不着急使用这些钱，可以建议您购买最近新推的……"<br>要求主动热情，切实满足客户需求。 |

续表

| 营销环节 | 情景描述 | 服务行动 | 话术参考 |
|---|---|---|---|
| 产品推荐及分析 | 客户认定产品与其需求不匹配或客户不了解产品信息时 | 标准坐姿，上身微向前倾，面带职业浅笑，主动询问 | "方便介绍一下您的资金状况吗，这样我能根据您的情况为您推荐更适合的产品……"<br>要求专业、严谨。 |
| 决策帮助 | 当听完介绍，客户犹豫拿不定主意时，用促销话术促进购买决策 | 标准坐姿，上身微向前倾，面带职业浅笑、主动询问 | "也许这款理财产品比较适合您……"<br>"我可以现在就为您办理手续"<br>要求专业、严谨。 |
| 客户追踪 | 客户仍需要考虑，没有即时购买产品时 | 记录客户信息，建立客户档案，适时进行客户回访 | "请问今后如何与您联系呢？" "以后有更适合您的理财产品时，我会及时与您联系……" |

# 第四节　大堂经理营销方法与技巧

市场营销发展到今天形成了多种方法和技巧，这些方法和技巧是大堂经理营销的重要工具。大堂经理应掌握适合的方法和技巧，努力提高自身营销水平。

## 一、目标客户营销法

目标客户营销法是指大堂经理识别各个不同客户群体的基础上，选择其中一个或若干个客户群体作为目标客户，运用适当的营销组合集中力量开发目标客户，满足目标客户需求并实现销售的营销方法。目标客户营销法有利于大堂经理发现优质的目标客户，提高营销效率和市场竞争力。

大堂经理营销对个人客户群体可以采用的细分方法主要有目标客户价值细分、人口统计细分、利益细分和心理细分等。目标客户价值细分是指按照目标客户的财富层级及其对银行贡献大小将其分为贵宾客户、成长型客户和一般客户，这种细分是最通用的方法；人口统计细分是指以目标客户的人口学特点（如性别、年龄、职业、收入等）为标准进行划分，这也是一种常用的细分方法；利益细分是指按照目标客户所追求的不同利益将市场进行细分；心理细分是指根据目标客户生活方式、个性及行为特点进行划分。有效的客户细分应当具备可区分、可衡量、可盈利等一系列条件，而目标客户则是大堂经理实施营销组合的对象和依据。

## 二、"三多营销法"

"三多营销法"是大堂经理营销实践中总结出来的一种营销方法，"三多营销法"是指"多看一眼、多说一句、多伸一次手"，是对大堂经理关心客户、多为客户着想、多帮助客户的简称。"三多营销"是实施"赢在大堂"策略的必然要求，在大堂经理营销工作中，主动实施"三多营销"，可以为客户和银行带来更多的利益。

## 三、交叉营销法

交叉营销是指大堂经理通过发掘客户的多种需求而向其销售多种产品和服务的营销方法。交叉营销有利于大堂经理与客户建立更加紧密的合作关系，深度开发客户价值，提高客户的流动转移成本，提升客户满意度。

## 四、体验式营销法

所谓体验式营销，简单地说就是通过为客户创造和提供愉悦的购买体验，实现销售目的的营销方法。体验式营销从客户的感官、情感、思考、行动、关联等五个方面，重新定义、设计了营销的思维方式。体验式营销认为客户是理性与感性兼具的，客户在购买前、购买过程中、购买后的体验，才是研究客户购买行为和银行营销的关键，因此，大堂经理营销工作就是通过运用各种媒介，包括沟通、识别、产品、共同建立品牌、环境等，刺激客户的感官和情感，引发客户的思考、联想，并使其行动和体验，并通过客户的体验，不断地传播品牌或产品的利益和好处。

体验式营销站在客户角度审视银行的产品和服务，强调以客户体验为导向生产和销售产品，注重与客户之间的沟通，注重发掘客户内心的欲望，注重创造愉悦的销售情景和销售过程，不仅如此，体验式营销还注重客户购买过程中所表达的内在价值观和消费理念。体验式营销既看重客户的个体体验，也看重相关群体互动产生的共同体验。银行是客户购买金融产品的重要渠道，大堂经理要重视客户体验，掌握体验式营销方式和技巧，为客户提供满意的、愉悦的购买体验。

## 五、情感营销法

情感营销是指在产品销售和服务过程中注入情感，通过产品情感设计、情感组合、情感服务、情感关怀、情感利益等策略，实现与客户建立合作关系的营销方法。在产品、渠道、价格和促销策略同质或者差异不明显时，情感因素就成为营销的重要差异化手段。情感营销对大堂经理与目标客户建立合作关系的作用是直接而显著的，大堂经理在向目标客户推介产品和服务过程中，应真诚对待客户，主动关心、爱护客户，自觉维护客户利益，在情感上与客户良性互动，赢得客户信赖，满足客户金融需求，不断巩固和提升银行与客户之间的合作关系。

## 六、顾问式营销法

顾问式营销是一种新型的营销模式，是大堂经理以丰富的产品知识和投资理念为基础，通过运用帮助、说服等手段，促使客户使用银行产品行为的活动过程。顾问式营销改变了银行传统的营销模式，顾问式营销不仅要维护银行的利益，更要维护客户的利益，对客户实事求是地介绍银行金融产品，通过良好的形象和建议来取信客户，重在说服，对销售出去的金融产品，更注重售后服务。大堂经理对于顾问式营销的恰当应用，有利于促进客户对产品忠诚度，有利于进一步开展关系营销，达到较长期稳定的合作关系，实现战略联盟，从而能形成强有力的市场竞争力。

## 七、电话营销法

电话作为一种有效的营销工具，已被大多数销售人员所采用。近年来，大堂经理逐步开始通过主动的电话呼出开展营销服务，收到了良好的成效。大堂经理要想使用电话营销作为其销售产品或销售机会挖掘的手段，一定要对电话营销有科学的认识，清楚其产品定位。准确定义目标客户，另外要有准确的营销数据库、明确的电话销售流程等，以保证大堂经理电话营销顺利进行。

电话营销主要包括三个阶段：第一个阶段就是引发兴趣，引发电话线另一端潜在客户的足够兴趣，是营销成功的基础阶段。在没有兴趣的情况下是没有任何机会，也是没有任何意义来进行产品销售的。这个阶段需要的技能是对话题的掌握和运用。第二个阶段就是获得信任，在最短时间内获得一个陌生人的信任是需要高超的技能，以及比较成熟的个性，只有在这个信任的基础上开始营销，才有可能达到营销的最后目的——签约。这个阶段需要的技能就是获得信任和有效起到顾问作用来赢得潜在客户的信任。第三个阶段就是有利润的合约，只有在有效地获得潜在客户对自己的问题的清醒认识前提下，销售才是有利润的销售，也才是大堂经理真正要追求的目标。这个阶段需要的技能则是异议防范和预测、预见潜在问题的能力等。

# 第五节　大堂经理的商机管理

大堂经理营销发展到今天要求大堂经理牢固树立商机管理理念，掌握商机管理方法。

## 一、大堂经理商机管理的含义

大堂经理在营销过程中所开展的商机识别、商机初次挖掘、商机初次把握、商机二次挖掘等一整套营销工作流程。发现客户的需求意味着发现商业机会，满足客户需求则意味实现产品销售。对大堂经理营销而言，无论是发展新客户，还是发掘老客户的新需求，都是重要的商业机会，是实现产品销售的良机。

## 二、商机识别

大堂经理根据客户行为、填单资料、办理和咨询业务种类等信息，对客户进行价值判断和识别商机。

### （一）客户行为商机

表现出以下行为特征的客户可能蕴含较大商机：

1. 留意理财产品、外汇产品宣传介绍或展示。

2．留意贵宾客户服务介绍。

3．留意热点产品介绍或活动宣传。

4．留意展柜、展示架等宣传品。

5．气质出众，神态自若，眼神坚定，谈吐礼貌且语气坚定。

## （二）客户填单资料商机

客户填单也可显露商机，一般而言，客户资料显示以下信息的，则表露较大商机：

1．工作单位为优质企业或直属机关行政事业单位等。

2．电话号码为较特殊号码（如8888、9999）。

## （三）客户办理、咨询业务商机

办理以下业务的客户，表明较大商机：

1．大额存取现金或汇款（如5万元以上，下同）；

2．大额存款证明或挂失；

3．大额贷款（提前）还款业务；

4．信用卡、贵宾卡、公务卡、保管箱业务；

5．POS机、转账电话业务；

6．基金、保险、黄金、自主理财等理财业务；

7．第三方存管、银期转账业务；

8．外汇业务、留学业务；

9．对公业务。

## 三、商机初次挖掘

大堂经理根据识别的商机，有针对性地主动赞美客户，递送宣传资料，进行一句话营销，可以引起客户购买新产品或购买更多产品的兴趣。

1．大堂经理向等候客户分发宣传资料。话术如："这是我们最新推出的热点产品（服务），您可以了解一下"。

2．进行一句话营销。根据不同的客户、不同的产品，运用不同的话术，引起客户的兴趣。

## 四、商机初次把握

大堂经理根据客户需求和兴趣，将潜在贵宾客户转推荐给理财经理。

### （一）转推荐

1．对所有识别的商机，无论是否形成产品需求或兴趣，通过询问、填单信息、确保商机特征与客户信息对接，以便后续跟进营销。

2．转推荐潜在贵宾客户。对有产品需求或兴趣的，按照客户引荐协作流程对潜在贵宾客户进行转推荐。客户不愿接受转推荐的，则直接办理业务。

### （二）客户需求匹配

1．产品组合营销。运用产品组合营销模板实施产品组合营销，提高产品交叉销售率。

2．客户体验营销。对网上银行、手机银行等渠道类产品，将客户带至电子银行服务区，进行产品使用体验。

### ● 案例　用心服务　快乐付出

S支行位于某地级市一小商品批发市场，周边居民大部分为商铺业主和外来务工人员，网点周围地摊密布，环境卫生差，经营条件恶劣。W作为S支行的大堂经理，既要承担卫生保洁、咨询引导、投诉解决的工作，又要开展营销工作。想要同时做好这些工作绝非易事，但是W经理认为"难并不等于不可能"。事实证明，只要全身心地投入其中，深深地爱上这个岗位，就有可能做好这些工作。年底，在领导支持和同事的关心帮助下，W经理共营销贵宾客户53户，电子产品675户，销售理财产品3 700万元；在S支行全体员工的共同努力下，支行个人产品交叉销售率提升至62.09%，全市排名第一；贵宾客户产品交叉销售率提升至62%，网点提升值全市排名第一；贵宾客户占比提升至40.11%，全市同类网点中排名第一。W经理是怎样取得这些营销业绩的呢？

### ● 耐心履行岗位职责

S支行地处特殊地理位置，卫生条件差，一遇到下雨天，大厅就更脏，做好卫生保洁十分重要。对此，W经理除了坚持每天提前半个小时上班打扫卫生，而且，在营业中自觉捡纸屑，清理污迹、泥巴。由于S支行低端客户众多，大多数连自助设备都不会熟练使用，甚至连基本的填单都写不对，重复的简单咨询、指导、分流业务占了W经理很大部分的工作时间。W经理有时都恨不能有三头六臂，分身引导。刚开始当大堂经理的时候，W经理曾经有过情绪，觉得接触的客户"不好"，下班经常身心俱疲，原本活泼喜欢唱歌的W，回家却连一句话都不大想说。家人以为W业务压力太大，可W仔细想想，除了疲于应付，产品营销却忘了做，觉得有点无地自容。W经理认识到，最初的不适应主要源于对客户的错误认识，如果无法有效将客户分流，就无法拿出更多的时间来做贵宾客户维护和产品的营销。从此，每当遇到客户填单或使用自助设备一次教不会，W经理就教第二次，第二次教不会就教第三次……直至把客户教会为止。真诚的付出终于得到了回报，现在，大多数客户一到网点就很自觉地走向自助设备区。至此，W经理终于发现知道客户行为也是可以改变的，客户也是可以引导的，"我可以帮助客户成长"，自己的耐心获得了回报，这让W经理很有成就感。正是由于W经理和同事们耐心地履行职责，S支行网点的电子渠道分流率比上年提升了20个百分点。

## ● 恒心学习技能

在履职过程中，W经理感到具备全面、丰富的业务知识对大堂经理至关重要。"工欲善其事，必先利其器"，W经理发觉仅有敬业精神是不够的，还必须具备较高的专业技能和专业素养才能为客户做好服务。为此，W经理长期坚持在第一时间迅速掌握本行新的产品知识和新的业务知识；经常通过各种方式了解他行的各种产品，坚持对大堂经理营销的方法、策略、技巧及其效果进行分析总结。通过不懈努力，W经理先后取得了产品经理资格证、零售业务内训师资格证等岗位资格证书，并在省市行大堂经理和个人客户经理业务技能比赛中取得了优异成绩，被省市行授予多项荣誉称号。

## • 细心提高营销率

作为一名大堂经理，W在营销上非常地细心。一成不变的工作环境，来来往往的客户，如果不能从客户细小的变化和点滴言语中发现机会并牢牢抓住，机会就会像水一样从指缝间流走。一天早上，有两位客户来银行开户，奇怪的是他们不填申请表，只是仔细地向引导员咨询各种费用问题，并比较着："C银行没有工本费，没有年费，没有小额账户服务费……"W经理通过观察客户的衣着和口音，认为客户肯定是外来务工者，想要办卡并需要定期汇款回家。于是，W走到他们面前微笑地说道："对不起，我们的这些费用都是要收的，但是C银行可以做到汇款费用全免吗？"一句话立刻提起了他们的兴趣，通过W经理的详细介绍，两位客户开了卡，并开通了网银、手机银行、电话银行、短信、电话钱包、基金定投六项渠道产品，W经理现场教会了他们用手机银行汇款，用网银购买火车票，用电话钱包缴话费。客户离开时非常满意，W经理叮嘱他们一定要向他们的朋友、同乡宣传S行的产品。当天下午，两位客户带了三十个客户来开户和购买产品。

## • 真心做好客户服务

W经理记得一句话："优质的服务可以推销自己，平庸的服务会贬低自己，差劣的服务会毁灭自己"。每个人都有愉快和不快的体验，尤其以不愉快的居多，且记忆深刻。W经理碰到过这样一件事情，某日中午，W经理接待了一位神色焦急的老大妈，大妈要提前支取一张定期存单，但不知道密码而且户名不是她本人，W经理只能抱歉地说制度规定只有户主本人才能支取。大妈面露难色地说："存单的户名是自己老伴，因患了重病瘫痪在床，不可能过来支取。"当时，W经理就想到，这笔钱可能就是客户看病急需的钱，也许这笔钱可以挽救一个生命。怎么办？是让制度拒人于千里之外，还是以情待客，不怕麻烦地去为客户解决问题？W经理把这个情况向单位领导作了汇报，要求上门去确认存款人并办理支取手续，领导很快同意，并安排了一个员工和W同去，两人确认。接下来，W经理和同事驱车一个多小时来到客户家，在病床上见到了户主——那位患了重病瘫痪在床的大爷，在多方面确认了户主和那位大妈的夫妻关系后，由那位大爷亲笔签名，为他办理了存款支取。第二天，那位大妈和她的儿子专程来到S支行感谢W经理。

# 第五章

## 银行大堂经理
## 客户分类管理

　　大堂经理服务是银行改善服务质量、提高服务效率的重要环节，其服务水平也是银行业比拼的重要指标之一。与其他工作人员相比，大堂经理需要解决不同客户的各种特殊要求，在服务过程中与客户的沟通也更多，服务的交互性也更强。因此，大堂经理的客户管理水平对于最终的客户满意度，尤其是人性化服务的满意度有很大影响，也是树立差异化服务竞争优势的首要途径。

# 第一节　按客户需求分类

从大的方面看，客户来到银行有以下几种需求，大堂经理可提供不同的服务方案以满足客户需求。

## 一、服务需求型客户

需要大堂经理热情、诚恳、耐心、准确地提供客户所需服务，并根据客户描述，主动客观地向客户推介先进、方便、快捷的金融产品和服务渠道。

【案例】客户在自助存取款机（CRS）办理存钱业务，发现有机具不能识别的钞票，从而向大堂经理寻求帮助时，大堂经理可以帮助客户立即在柜台窗口上换取新钞，从而帮助客户顺利完成自助存款交易。

## 二、抱怨投诉型客户

需要大堂经理快速妥善地处理客户提出的批评性意见，化解矛盾，减少客户投诉。对客户意见和有效投诉的处理结果在规定时间内及时回复。

【案例】客户抱怨排队时间过长，单位时间段内客户数量激

增，此时大堂经理可以合理调配网点窗口资源，增设临时窗口，及时进行疏导。同时分流办理简单存取款、转账的客户到自助服务区，减少客户等候时间。

## 三、产品交易型客户

需要大堂经理热情解答客户的疑问，介绍业务办理的流程，指导客户办理相关业务，包括告知客户办理相关业务需提供的资料、指导客户填写相关表格、指导客户正确使用自助机具、普及金融知识。例如告知客户今日外汇牌价、近期银行理财产品的发售情况、定期存款的利率等。

【案例】客户想办理银行系统内跨地区的转账业务，却不知道通过哪种交易渠道办理可以节省手续费时，大堂经理可以推荐其使用银行的电子银行产品，不但方便快捷，手续费也有优惠。

从具体的产品交易类别上看，每位客户到银行办理业务都是有自己的需求，有的是贷款、有的是存款、有的是理财、有的是办信用卡等。其实客户到银行只是单一目的性，只知道"我要来做什么"，而银行人员不仅可以回答他"你能怎么做"，还可以告诉他"你还可以做什么"。这就需要大堂经理在了解每位客户需求的同时更深层次挖掘客户潜在的需求。

### （一）个人贷款类客户

在进行个贷业务营销时，以客户的还款账户为依托，对于满足条件的客户可营销信用卡，辅之以网上银行和短信服务，以盘活客户还款账户，提高客户对银行的初始依存度。在客户贷款期限内，银行人员应与客户保持紧密的业务联系，通过对客户还款来源的进一步了解，对有实力的客户适当推荐相应的理财产品或其他业务，防止客户将还款账户仅仅作为一种过渡性工具使用，提高每一位贷款客户的贡献度。

### （二）普通信用卡用户

向每一位信用卡客户推荐办理借记卡的关联还款业务，在推介信用卡时对有需求的客户推荐自动购汇还款等业务，并对具备通讯和上网条件客户的还款账户开办短信服务和网上银行。

### （三）理财类客户

理财类客户相对于其他类型的客户成为银行忠实客户的可能性较高。在理财经理、客户经理的积极建议下，也最容易接受其他金融产品和服务。

## 四、储蓄、代发类客户

储蓄和代发类客户在柜面办理业务的频率相对其他类客户更高，对其进行产品营销的机会更多，大堂经理应抓住该类客户光临银行的机会，对凡是能接触到的客户进行积极而合适的推荐。对于个人目标客户应当积极推荐到理财经理（贵宾理财经理）处，进行二次营销。

## 五、证券、保险等投资类客户

这两类客户的潜力往往比较大，富余资金和个人资产较多，而且他们自身就有比较好的金融投资和理财意识。对于这类客户，营销和服务人员应当与其建立良好的业务服务关系，促使客户将除投资业务以外的个人日常交易和结算资金转至银行。另外，营销和服务人员应对客户日常交易保持积极的关注并给予及时的帮助，特别留意客户的外汇需求和交易，适时向客户推荐银行的留学贷款、个人结售汇、外汇宝和外币的理财产品等。

# 第二节　按客户职业分类

　　每位客户在社会中都从事不同的职业，气质和修养都不同。大堂经理如果能分清楚各行业的特点，在服务和营销过程中可以如虎添翼。

## 一、政府机构、军队、武警等国家公职人员

　　这类客户比较低调，不愿很多人了解自己的资金情况。在与这类客户打交道时尽量固定服务人员，平时的信息沟通可通过短信或邮件等方式沟通。在客户特别交代的前提下，可以通过电话沟通。

## 二、盈利性公用事业单位的从业人员

　　这类垄断性行业（如水、电、石油、电信等）客户比较有优越感，月收入较高。大堂经理平日维护可以多提供相关理财信息，如有优惠活动主动通知这类客户。

## 三、高等院校及科研机构的工作人员

　　这类客户比较认真，对于他们的任何咨询都要仔细回答，并尽量详细解释，直至清楚为止。他们希望得到特别的尊重，对于

新产品上市一定要通知他们，对于他们咨询的问题一定要及时给予答复。

## 四、持职业资格人群

包括注册会计师、注册审计师、注册建筑师、律师、医生等。这类客户比较注重隐私，维护人员要固定，维护时要专业。对于客户的咨询一定要认真思考后再给予答复。如无法满足客户要求，可在客户同意的情况下引荐给更资深的专业人士或分管领导来接待。

## 五、特定职业人群

包括职业运动员、模特、知名演员、作家、画家等。这类客户属于比较感性的客户，多与客户建立感情交流。他们对金融产品不是很了解，在建立信任关系后才会对推荐的产品感兴趣，多站在他们的角度来看问题和推荐产品。

## 六、私营业主及中小企业业主

对金融产品比较感兴趣，特别是针对如何把资金充分运用起来，达到快速增值的目的。这类客户不太喜欢在银行购买风险型产品，因为他们的行业就充满市场风险性，所以他们偏好一些风险较低、起点较高、收益不错的产品。同时，他们对结算类业务的收费和便利性也特别在意。

# 第三节 按客户年龄分类

在与不同年龄阶段的客户进行沟通和服务营销时，应该抓住这个年龄阶段的特点，投其所好。

## 一、青年客户

青年客户一般比较容易接受新鲜事物，大堂经理可以尽量引导他们在自助服务区或电子银行服务区办理业务。同时可以向他们介绍有关基金定投、信用卡分期、网上商城等年轻人感兴趣的金融产品。具体来看，可分为以下几类客户：

### （一）学习型客户——18岁至25岁的在校大学生人群

与这类客户沟通不用过分拘谨，交流时越轻松越好，这样反而不会让客户紧张。同时，可以推荐一些比较能够帮助养成良好理财习惯的产品，如基金定投、信用卡、刷卡优惠活动等。

### （二）提升型客户——25岁至32岁的毕业后刚参加工作人群

与这类客户沟通可针对客户的职业或人生态度找一些感兴趣的话题，或者邀请客户参加银行举办的一些贵宾活动等。他们也许会对信用卡或个人信贷融资的产品感兴趣。

## 二、中年客户

中年客户一般具有一定的经济积累，同时有一定的风险承受能力。这个群体的客户一般比较繁忙，大部分为上班族或经商者，希望能快速、准确地办理完业务。针对这一群体的特征，大堂经理可以迅速安排分流，同时向他们介绍有关银行理财产品、基金产品、贵金属产品等，帮助其资产保值增值。具体来看，可分为以下几类客户：

### （一）发展型客户——32岁至45岁的事业上升期人群

这类客户喜欢资产快速增值，可以推荐一些风险较高收益也较大的产品作为配置产品，同时也可以附加一些教育类保险产品。

### （二）稳定型客户——45岁至55岁的事业平稳期人群

这类客户基本上已处于事业的顶峰了，需要得到社会各层的关注和尊重。与他们沟通可以以职务来称呼，如"王医生、王总、王教授"等。由于工作繁忙他们不会经常到银行来，所以要保持电话的联系，时刻关注客户的资金变动，适时推荐产品，替他们在个人资金管理上出一份力。

## 三、老年客户

老年客户主要指55岁以上的临近或处于退休状态人群，属于养老安逸型客户，一般资金沉淀较多，同时风险承受能力较低。大堂

经理在接待这类客户时应该以尊称进行称呼，可以向他们认真、负责、耐心地介绍一些固定收益型的银行产品，例如定期存款、储蓄式国债、电子式国债等业务。同时在服务上更加细致、温馨些，比如雨天提示他们小心路滑等。

# 第四节　按营业时间分类

各种类型的客户选择到银行的时间都不太相同，有的客户喜欢早上来银行，有的客户喜欢中午来银行，有的客户喜欢下午来银行，还有的喜欢周末来银行。可以对不同时间段来银行的客户进行分析和分类，按有效的方式来维护和管理客户。

## 一、营业初始期间

有的客户一大早就到银行，甚至有时银行还没开门就已经在门口等了，这类客户多数把到银行来办理业务作为自己一天中很重要的事情来做，多为年龄较长的客户。他们会更在意银行提供的产品和服务。开门迎客时，大堂经理应做好客户分流工作，让客户保持良好的次序排队取号，同时分流部分办理简单业务的客户到自助服务区或电子银行服务区，引导办理非现金业务的客户到低柜服务区办理，避免客户因长时间等待而抱怨。

## 二、中午轮休期间

中午是银行网点员工轮流吃饭的时间，会减少部分服务窗口。许多上班族客户只能利用中午休息时间来银行办理业务，因此客户量在中午时间会比较大。这时大堂经理要做好客户的安抚工作，提

示客户等待时间可能会长一些，以降低客户的期望值。大堂经理可以向有需要的客户提供期刊杂志，同时加大分流力度，引导客户利用自助设备或电子银行终端办理业务。

## 三、下午营业期间

喜欢下午到银行办理业务的客户生活比较自由，在时间上没有太苛刻的要求。大堂经理可以详细地向客户进行产品推荐。平时有好的产品可直接通过电话告知客户，请他们到银行来进行咨询，提高销售成功率。

## 四、营业结束期间

营业结束后，常常还有客户在门口敲门，说有紧急的业务要办理。这时大堂经理首先要安抚客户情绪，并向其耐心地解释银行的工作流程和相关规定，以便得到客户的理解和谅解，避免客户情绪的升级和造成投诉事件的发生。同时询问客户的具体需求，对于有些业务可指导客户在自助终端或电子银行终端上进行操作处理。

## 五、周末营业期间

有的客户一般是周末才到银行来。这类客户可能是工作地或居住地离银行比较远，工作繁忙，平时没有时间到银行。他们在银行产品选择上比较独立，有自己的看法和意见，所以对银行工作人员的介绍依存度比较低。维护这类客户时，可常将银行的金融信息通过短信或邮件发给他们，或者推荐他们使用网上银行或手机银行，节省他们来银行的成本。

# 第五节　按新老客户分类

　　大堂经理可针对新客户、老客户、潜力客户分别制订服务方案，实现对客户的交叉销售，为他们提供所需要的服务，提出合理的服务和产品建议。

## 一、新客户的识别

### （一）新客户来源

　　新客户的入门主要来自老客户转介、业务合作关系、品牌效应三个渠道。

　　1. 老客户转介。由其推荐介绍，是利用其相应的网络及人脉资源，无形之中增加新客户对银行的信任度，所以要注意一点是对老客户转介表示认可，通过小礼品的方式对老客户表示感谢。还要注意的一点是对新老客户的政策是一视同仁，维护资源配置标准根据客户的贡献程度来定，对新老客户各自的资产情况互相保密，体现我们的职业操守。

　　2. 业务合作引荐。这种基本上有引荐的客户经理，对客户的需求可通过客户经理进行深入了解，获取相应的客户资料。

　　3. 银行品牌效应。客户选择银行办理业务，这类客户可通过上述办法认真分辨是否为银行目标客户，一旦确定目标便可利用银

行的优势和实力，充分拿出体现银行有特点、有优势、有定位、有档次的产品来吸引客户，并对客户的问题进行专业答复，定期回访客户。

### （二）对新客户的识别

对于初次来办理业务的新客户，大堂经理应主动上前迎接客户，询问客户需求，对客户进行相应的业务引导。同时通过观察、交流，判断该客户属于哪种客户群体，可能需要什么样的服务，从而采取不同的方式与客户交流，向客户介绍合适的金融产品，实事求是地向客户提出合理的建议。

### （三）向新客户推介产品

对于新客户来说，根据客户需求设计合适的产品组合，与其讨论产品组合的细节并做适当调整，并帮助客户完成业务手续。在向客户推荐产品时，需要注意三个阶段的关键步骤。在开始阶段，需详细解释产品潜在的收益以使客户有正确的预期，总结目前状况与客户希望达到的状况。在会谈继续阶段，找出客户希望与现实状态之间的差距及其可能的后果、推荐消除差距的措施，尽量让客户自己主动评估目前状态、差距及后果，以使客户有认同感。在实现销售的阶段，要归纳总结所推荐的建议，并提出下一步行动以满足客户需要并安排下次联系。在向客户推荐产品时注意采用一些技巧以影响客户，如利用示范效应、互惠原则、利用友谊、利用同盟等技巧。

## 二、非活跃客户的提升管理

非活跃客户长年保持着固定量的金融资产，跟银行没有太多的新业务发生，基本没有接触。他们的潜在需求巨大，亟待深度挖掘。银行大堂经理要想做此类客户的开发和维护，需要制定一整套老客户服务体系，建立好老客户档案和资源分类标准。具体到非活跃客户的提升，可以重点把握以下四个时机：

一是客户投资产品到期时。因为这时最能通过投资结果的事实打消客户对银行投资能力的顾虑，同时，也能让客户深切地感受到银行人员的专业性。这时客户本身就会成为一个银行义务宣传员，对我们开发市场大有裨益。

二是新产品上市时。第一时间将新上市的银行产品告知客户，让客户体会到银行对他们的重视，从而提高客户的自重感和自信心，即使他无能力或无意购买，也有可能热情介绍其他客户。

三是客户有喜事时。如客户升迁提拔了、生意成功了等，只要是可喜可贺的事情，都要向客户祝贺，把握再次销售的时机。

四是银行出台优惠活动时。如像积分兑礼、健康讲座等活动，及时通知客户。这些时间点都是进行老客户再次开发的良好时机，能否把握时机，关键要看我们对客户的信息知道多少，这从一定意义上反映了大堂经理与客户的密切程度，以及客户对大堂经理的信任度。

## 三、潜力价值客户的挖掘管理

除了维护好现有存量客户服务，还应寻找和挖掘潜在价值客户。

### （一）通过大堂阵地广泛收集信息

大堂经理可以利用大堂服务，广泛收集市场信息和客户信息，充分挖掘重点客户资源，记录重点客户服务信息，用适当的方式与重点客户建立长期稳定的关系。

要了解客户的需求，提问是最好的方式。通过提问可以准确而有效地了解到客户的真正需求，为客户提供需要的银行保障。

1．询问式提问。单刀直入、观点明确的提问。

2．肯定式提问。即让客户回答"是"或"否"，目的是确认某种事实、客户的观点、希望或反映的情况。

3．常规式提问。一般在与客户开始谈话时，可以问一些了解客户身份的问题。客户的电话号码等都应该掌握，其目的是要获得解决问题所需要的有关信息，以便在问题处理时联系、查询。

4．征求式提问。让客户描述情况，谈谈客户的想法、意见、观点，有利于了解客户的兴趣和问题所在。

5．澄清式提问。对于客户所说的问题，有些是必须要给予澄清的。在适当的时候，以委婉的询问，澄清一些诸如规定、政策、信息等问题。这有助于解疑释惑，澄清事实，减少不必要的麻烦和争论。

### （二）大堂经理日常挖掘操作流程

在日常的客户挖掘管理过程中，大堂经理可按以下操作流程处理：

1. 发现潜力客户，有机会与客户接触营销。大堂经理发现潜力客户后，通过电话通知或举手示意等其他方式通知理财经理，并为客户提供饮品。

2. 发现潜力客户，但现场无法与客户接触营销。大堂经理发现潜力客户时，由于客户没有时间到理财经理处，大堂经理必须对该客户的资料详细记载，根据对客户的目测和简单交流判别客户的大概情况，及时进行记录。营业终了，将营业中发现的潜力客户信息、客户需求及特点报理财经理或业务主管汇总登记。

## 四、老客户的管理

对于老客户来说，银行的目标是实现对现有客户的交叉销售。具体来说，要密切关注客户的账户信息，找出适合他的新产品或产品升级，与客户讨论产品细节并做适当调整。对于大堂经理所熟悉的老客户，可以有针对性地为他们提供所需要的服务，对其感兴趣的业务品种，可以及时递上最新的宣传折页，同时在与老客户沟通的过程中，了解其资产状况的动态变化情况，给出合理的建议。以下六大方法有助于建立良好的客户关系：

### （一）表达成功和自信

和成功者为伍，是人之常情，大堂经理不妨向客户展现你的成功，以增加他们对你的信心，重复购买的机会亦大为提高。避免使用像是"问题"、"困难"、"复杂"等字眼，这些都意味着能力欠佳，无论你个人或事业上遭遇任何问题，都不要和你的客户争论。当和客户谈话时，尽量使用客观的措辞。

### （二）重视曾重复销售的客户

如果客户多次购买银行产品，大堂经理必须记住他们的名字、家庭背景和喜好。这些客户将是最佳的影响力中心。

### （三）懂得套用客户的话

银行营销人员若是用和客户相同的话语沟通，可拉近和客户的距离，同样的说话用语，可以让双方对事情的看法趋向一致，更容易达成共识。而且客户会持续向同一位了解他们的人购买。掌握客户习惯用语的最大窍门，在于仔细聆听他们的谈话。

### （四）善用和客户谈话的机会

客户喜欢有互动的感觉。当你有机会见到客户时，应好好攀谈一番，可谈谈天气、运动及地方新闻，或是谈美容和服装、手提包或眼镜。无论谈论主题为何，重点是能够相互交流。

## （五）提供一流的服务

若想增加重复营销的机会，唯一之道是提供一流的服务。动脑想想别出心裁的服务，让客户拥有独一无二的服务，是留住他们的一大法门。

## （六）要懂得感情投资

想要客户一直和你愉快稳定地合作，不仅要做到以上几点，还必须为客户着想，关心客户的近况，帮助客户解决困难。

# 第六章

## 银行大堂经理服务问题处理

　　及时发现厅堂存在的问题、合理化解客户问题、快速处理客户纠纷是大堂经理必备的技能之一。大堂经理在实际工作中应及时处理好客户关系问题，做好客户关系问题协调管理。

# 第一节　排队叫号问题的处理

　　处理客户排队叫号问题是大堂经理的基本技能之一，客户等候时间的长短可能直接影响到客户体验，进而影响客户对银行服务水平的综合评价，因此，大堂经理需要清楚排队叫号问题的主要类型，并且能迅速、精准、高效、灵活地处理问题，才能保证良好的厅堂秩序，为客户提供优质的服务环境。

## 一、排队叫号问题的主要类型

　　1．普通客户较多，未通过有效地引导实现分流，导致客户等候时间过长，引起客户不满而引发的问题。

　　2．过号，客户不愿意重新排队或暂时等候，与前一位客户发生摩擦而引发的问题。

　　3．叫号有插队现象发生，引起正常排队客户不满而引发的问题。

　　4．网点贵宾窗口优先叫贵宾号，引起普通客户不满而引发的问题。

　　5．特定窗口（如对公现金业务窗口、爱心专用窗口）等候时间过长，引起特定客户群体不满而引发的问题。

## 二、处理问题的方法

遇到包括但不限于以上种类的排队叫号问题发生时，大堂经理应沉着冷静地解决问题，必要时及时向上级主管汇报，并通过以下方式解决问题：

1．对于营业大厅内因排队叫号引发不满情绪的客户，大堂经理要及时做好客户解释工作，尽快安抚客户情绪。如不能尽快取得客户理解的，应把客户带离营业大厅（如贵宾休息区、客户洽谈区等），避免影响其他客户和营业大厅的正常工作秩序，再进行耐心引导解释工作。

2．使用适当的话术，避免引起客户的不满。在对客户进行分流引导时，大堂经理应以客户为中心，抱有帮助客户运用更高效快捷服务渠道的正面心态，使用适当的技巧和话术，避免在分流和引导的过程中引起客户的反感和不满。对于较为习惯在现金柜台办理业务的客户，转变客户的观念需要因人而异。如果在进行分流引导时，客户表现出对电子或自助渠道的不信任和抗拒，不可勉强客户。

3．不要给插队的客户办理业务。排队叫号是办理业务的基本规定，对于那些不排队直接挤向窗口的客户，大堂经理应及时制止，柜台人员应不予受理，大堂经理应引导其至叫号机拿号排队，有序等候。引导这类客户时，大堂经理应礼让三分，礼貌引导，不要激化矛盾。同时，大堂经理应制止柜台人员给自己的老客户、认识的人或银行内部员工优先办理业务，造成排队客户的不满。此外，紧急特殊情况应启动应急处理机制。

# 第二节　员工行为问题的处理

因银行员工行为失误、态度不友好、语言不当而导致的客户投诉统称为行为问题。大堂经理应掌握处理行为问题的方法。

## 一、对客户表示尊重和理解

面对一个愤怒的客户，要让客户感觉到他的异议得到了银行的理解，并且大堂经理能够站在客户的角度来考虑，并为其尽快解决问题、平息怨气。如果可能，要说出客户的名字和尊称，不知道客户的名字时，要用其他的尊称代替。大堂经理与客户沟通时，应注意态度、语音、语调，以免再次引发客户不满。

## 二、倾听客户的问题并进行换位思考

准确地了解客户的问题以便问题得到迅速有效解决。如果客户了解到大堂经理能够理解他的不满并表示关怀，客户就会更容易向你解释他遇到的情况。在解决客户问题前应先安抚客户的情绪，让客户知道你在专心地倾听（例如，保持目光接触，坐直，不要托腮，不要敷衍性地"嗯哼"等），并且可以先在话语中表示对客户的理解，再开始了解客户的抱怨，倾听问题详情，寻找线索，必要时做好记录。

## 三、保持客观的态度

在发生类似问题时，感到愤怒的是客户，应该体谅客户的心情，保持客观的态度，在没有弄清问题之前，主观处理不仅会影响银行专业、负责的形象，还可能会因事情没有得到妥善解决而失去客户的信任。

## 四、沟通策略

大堂经理的言语沟通能力直接关系到处理问题的成败。在与客户的沟通中，良好的言语策略可以帮助大堂经理掌握如何适地、适时地表达信息，赢得成功。应掌握的要点有：

### （一）直言

直言是大堂经理真诚的表现，也是和客户关系密切的标志。有俗语叫"见外"，往往就是指某种不必要的委婉而与对方造成的心理隔阂。大堂经理和客户的最好关系就是要做到"不见外"。

直言是一种自信的结果，因为只有相信别人的人，才谈得上自信。那种过分害怕别人的反应，说一句话要反复斟酌半天的人，是谈不上有什么自信的。而缺乏自信正是和客户交流的重大障碍，因为人们一般是不会同一个畏畏缩缩的人打交道的。

直言时配上适当的语调、速度和表情、姿态。特别在指出对方的不足时，语调温和，并微欠身示意，还略带抱歉的笑意，就容易使人接受。在拒绝、制止或反对对方的某些要求和行为时，诚恳地

陈述一下原因和利害关系。

### （二）委婉

在某些情况下，虽然大堂经理的意见完全正确，但对方往往碍于情感而难以接受，这时，直言不讳的话就不能取得较好的效果。但如果把话语变得软化一些，也许对方既能从理智上又在情感上愉快地接受意见，这就是委婉。

### （三）模糊

在沟通过程中，有时会因某种原因不便或不愿把自己的真实思想暴露给别人，这时，就可以把要输出的信息"模糊化"，以便既不伤害别人，又不使自己难堪。

### （四）沉默

双方出现争执时，沉默一会儿，这是自信的表现，"沉默是金"。因为沉默能迫使对方说话，而羞怯、缺乏自信的大堂经理往往害怕沉默，要靠喋喋不休的讲话来掩饰心中的忐忑不安。

### （五）自言

自言自语一般有助于人的自我表现。

### （六）含蓄

很多场合不便把信息表达得太清晰，而要靠对方从自己的话语

中揣摩体会。

# 五、非言语类沟通技巧

在与客户沟通时，声音、表情、衣着等都属于非语言交往的符号，这些非言语的信息沟通也非常重要。

## （一）目光

目光接触是人际间最能传神的非言语交往。目光在人们情感的交流中起着重要作用。在沟通中，大堂经理应看着对方，表示关注；而讲话者不宜再迎视对方的目光。讲话者说完最后一句话时，才将目光移到对方的眼睛。这是在表示一种询问"你认为我的话对吗？"或者暗示对方"现在该轮到你讲了"。

彼此之间的注视还因人的地位和自信而异。在日常生活中能观察到，往往主动者更多地注视对方，而被动者较少迎视对方的目光。

## （二）体势

在人际交往中，人的一举一动，都能体现特定的态度，表达特定的含义。大堂经理的体势会流露出自己的态度。身体各部分肌肉如果绷得紧紧的，可能是由于内心紧张、拘谨，在与地位高于自己的人交往中常会如此。身体的放松是一种信息传播行为。向后倾斜15度以上是极其放松。人的思想感情会从体势中反映出来，略微

倾向于对方，表示热情和兴趣；微微起身，表示谦恭有礼；身体后仰，显得若无其事和轻慢；侧转身子，表示嫌恶和轻蔑；背朝人家，表示不屑理睬；拂袖离去，则是拒绝交往的表示。

在服务过程中，如果大堂经理想给客户良好的第一印象，那么首先应该重视与对方见面的姿态表现。如果和客户见面时耷着脑袋、无精打采，对方就会猜想也许自己不受欢迎；如果不正视对方、左顾右盼，对方就可能怀疑你是否有诚意。

### （三）声调

恰当自然地运用声调，是顺利交往和沟通成功的条件。一般情况下，柔和的声调表示坦率和友善，在激动时自然会有颤抖，表示同情时略为低沉。不管说什么样的话，阴阳怪气的，就显得冷嘲热讽；用鼻音哼声往往表现傲慢、冷漠、恼怒和鄙视，是缺乏诚意的，会引人不悦。

### （四）微笑

微笑来自快乐，它带来的快乐也创造快乐，在沟通过程中，微微笑一笑，双方都从发自内心的微笑中获得这样的信息："我是你的朋友"，微笑虽然无声，但是它说出了高兴、欢悦、同意、尊敬等许多意思。作为一名成功的大堂经理，要时时处处把"笑意写在脸上"。

# 第三节　设施故障问题的处理

设施故障问题主要分为两个部分，一是营业网点业务系统故障产生的问题，二是服务设备故障产生的问题。

## 一、营业网点业务系统故障的处理方法

在业务系统故障中，又分为大面积系统故障和个别窗口系统故障两种。在处理营业网点业务系统故障时，应注意以下几点：

1. 营业网点发生业务系统故障，造成系统停机、运行中断等情况，大堂经理应及时告知客户，做好客户解释安抚，维持营业秩序，同时检查了解网点供电、设备运行、网络运行等情况。

2. 大堂经理第一时间报告营业网点负责人，视情况启动应急预案，组织开展应急处理工作。

3. 根据营业网点业务系统故障处理实际情况，大堂经理按照系统内上级服务突发事件应急处理工作领导机构的安排，及时做好信息披露，向客户公示相关事宜。

4. 如果是大面积业务系统故障，合理的处理方法为：

（1）应第一时间公示系统故障温馨提示，如"系统升级中，感谢您的耐心等候！"（各网点可根据突发情况自行制作）。

（2）在第一时间将系统大面积故障上报相关职能部门后，大堂经理应根据职能部门下发的统一解释口径安抚客户；

（3）大堂经理负责有效落实执行，做好现场管理工作，针对服务设备故障给客户造成的不便真诚致歉；

（4）解答客户业务咨询、办理需求及解释客户相关疑问时应主动热情、耐心细致，从客户的角度出发帮助客户解决或处理问题；

（5）针对暂未离开网点或继续等候的客户应主动开展二次关怀及询问的服务；

（6）针对客户抱怨应主动上前安抚并耐心解释，真诚道歉，并通过倒水等关怀方式缓解客户不满情绪，避免抱怨升级为投诉。

## 二、服务设备故障的处理方法

1．在服务设备故障发生后，大堂经理应会同营业网点应急处理团队按照上级管理部门的安排，第一时间公示服务设备故障温馨提示；

2．大堂经理第一时间将服务设备故障告知网点设备负责人员及时修复；

3．大堂经理主动针对服务设备故障给客户造成的不便真诚致歉；

4．解答客户业务咨询及办理需求及解释客户相关疑问时，大堂经理应主动热情、耐心细致，从客户的角度出发帮助客户解决或处理问题；

5．针对客户抱怨，大堂经理应主动上前安抚并主动耐心解释，真诚道歉，并通过倒水等关怀方式缓解客户不满情绪，避免抱怨升级为投诉；

6．处理客户投诉时，大堂经理应遵循抱怨及投诉处理服务流程进行处理；

7．大堂经理应及时跟进服务设备修复情况，并将修复情况第一时间告知暂未离开或仍在网点内等候的客户。

# 第四节 发现假币问题的处理

## 一、基本方法

在办理现金业务过程中，偶尔会出现客户存入的现金中发现假币的现象，特别是老年人占比较高。面对客户对于银行必须收缴假币这一规定不理解、不接受时，大堂经理应本着"注意倾听、耐心解释、坚持原则"的宗旨处理问题。

标准话术为："这是给您出具的假币收缴凭证，如果您对被收缴的货币真伪有异议，可以向中国人民银行的分支机构或中国人民银行授权的鉴定机构申请鉴定。"

当客户提出要求退还假币且情绪较为激动时，大堂经理首先要学会倾听，然后耐心地进行解释："我们理解您的感受，但根据银行的管理规定，发现假币确实不能还给客户。现在，我们可以给您开具相关的证明，如果这钱是别人给您的，您可以拿着这个凭证去找找看。希望您能理解。"

## 二、案例分析

某天上午10点，银行营业大厅，一男性客户来到VIP窗口掏出十万元现金办理存款业务。柜员接过钱，放入验钞机验钞，发现其中一张钞票过不了。取出来经过确认后，告诉客户这是张假钞，要

收缴。客户要求看下这张钞票，柜员回答不行。于是，客户变得非常气愤，与柜员吵了起来，并不再听柜员解释，一直说要看这张钞票，理由是钞票刚从另一家银行取出来的，不可能是假钞；第二，就算是假钞，自己也希望认识一下，免得以后再次误收。于是，大堂经理、保安纷纷来到VIP窗口帮忙解释说这是银行的规定，可是客户情绪激动，根本听不进去。银行要怎么比较妥当地处理，一方面是人民银行的规定，另一方面是作为上帝的客户，该如何合法合情处理？

假币收缴流程：柜员收入客户存款时，整个收款过程必须在客户视线范围内完成。如发现收入的款项中存在假钞，则必须立即报告当值的业务负责人，双人核实确为假钞后，必须在假钞上先加盖人民银行统一格式的假币章。而后开具假币收缴凭证，该收缴凭证上填有该张假钞的具体细节特征（如钞票编号）。客户可核实无误后在假币收缴凭证上签字确认；如客户对钞票被收缴有异议，或对钞票真假有不同意见，客户可凭这张假币收缴凭证于三日内到银行投诉。

## 问题分析

1. 作为VIP客户内心都会有优越感。

2. 客户要求看一下这张钞票，柜员回答不行。

——可以满足客户要求，但前提条件是在假币上盖上"假币章"后，由大堂经理或柜台主管出示给客户观看并按章收缴。

3. 客户理由：这些钞票是刚从另一家银行取出来的，不可能是假钞；就算是假钞，自己也希望认识一下，免得以后再次误收。

——客户的理由合乎逻辑。客户没有要求将假币退还给他，只是希望认识一下，所以客户的需求完全可以满足。

综上所述，客户并不是一个不通情达理的人，只是工作人员在处理方式需要改进。

## 处理方法

1. 以后遇到这样的问题，严格按照标准流程来处理。告诉客户银行收缴假币流程，取得客户的认可。

2. 在与客户沟通的语言方面要委婉，站在他的角度，并告诉其危害性。

3. 运用"同理心"，非常认同他内心的感受。

4. 如果客户情绪激动，可请客户到休闲区，倒杯水，慢慢沟通，不要让他影响到其他客户。

5. 不要大堂经理、保安一起围攻客户，客户会有种孤独感，这种感觉会让客户情绪更加激动，宜采取大堂经理一对一的沟通方式。

6. 必要时留下大堂经理电话，以备客户随时咨询和沟通。

# 第五节 营业网点突发事件的处理

营业网点发生突发事件是指营业网点无法准确预测发生，与客户服务密切相关，影响营业网点正常营业秩序，需立即处置的事件。营业网点发生突发事件时，应立即启动相应的应急预案，并按程序报告系统内上级相关职能部门，报告内容主要包括事件发生的地点、时间、原因、性质、涉及金额及人数以及事件造成的主要危害、客户反应、事态发展趋势和采取的应对措施等。

## 一、客户突发疾病

1．客户在营业大厅突感身体不适、需要帮助时，大堂经理应会同营业网点应急处理团队及时安排客户休息。

2．客户突发疾病时，大堂经理应会同营业网点应急处理团队依据实际情况立即联系紧急医疗救护，疏导救助通道，协助医疗救治。

3．根据实际情况，应及时通知客户家属或单位。

4．大堂经理协助客户保护财产和资料安全。

5．大堂经理应维护营业网点正常秩序，保证服务质量。

6．营业网点保存监控录像资料，以备日后查证。

## 二、寻衅滋事

1．营业网点发生寻衅滋事事件，大堂经理应会同营业网点应急处理团队应对滋事人员进行劝阻，劝离营业网点。

2．对劝阻无效者，大堂经理应会同营业网点应急处理团队联系公安机关协助维持营业秩序，保护银行和客户人身及财产安全。

3．大堂经理应会同营业网点应急处理团队调查了解客户滋事原因，听取客户反映。

4．视情况，报告系统内上级服务突发事件应急处理工作办事机构，安排有关职能部门介入，进行后续处理。

5．营业网点保存有关监控录像资料，以备日后查证。

## 三、客户人身伤害

1．大堂经理应会同营业网点应急处理团队为客户提供临时医疗救护，并及时协助联系客户家属或单位。

2．客户在营业网点受到人身伤害时，大堂经理要第一时间报告营业网点负责人及时到达现场，了解客户伤情，进行安抚慰问。

3．必要时，大堂经理应会同营业网点应急处理团队立即联系紧急医疗救护。

4．视情况，及时报告系统内上级服务突发事件应急处理工作办

事机构。

5．营业网点保存有关监控录像资料，以备日后查证。

## 四、不合理占用银行服务资源

1．营业网点发生客户不合理占用银行服务资源事件，大堂经理应会同营业网点应急处理团队及时劝导客户停止不合理占用行为，维护正常营业秩序。

2．大堂经理应会同营业网点应急处理团队主动了解客户不合理占用行为动机，听取客户要求，采取有效疏导措施。

3．如疏通和劝阻无效，大堂经理应会同营业网点应急处理团队给予客户适当警告，中止客户不合理占用行为。

4．视情况，报告系统内上级服务突发事件应急处理工作办事机构。

5．如情节严重，干扰网点正常经营秩序，系统内上级服务突发事件应急处理工作办事机构应及时启动应急预案，组织开展应急处理工作，并联系公安机关协助处理。

6．营业网点保存有关监控录像资料，以备日后查证。

## 五、营业网点受自然灾害破坏

1．发生水灾、地震等自然灾害时，大堂经理应会同营业网点应急处理团队第一时间拨打紧急救援电话，迅速组织人员自救，尽快疏导客户撤离网点。

2．迅速向系统内上级服务突发事件应急处理工作办事机构报告灾情。

3．大堂经理应会同应急处理团队组织员工转移柜台现金、凭证、账簿等到安全地方，并做好安全保卫工作。

4．按照灾害处理实际情况，大堂经理应会同营业网点应急处理团队采取相应措施，防止灾情扩大，并组织员工有序转移。

5．紧急调配人员，加强防卫，做好营业网点金库、柜台等重点场所的防盗、防抢工作。

6．系统内上级服务突发事件应急处理工作办事机构启动应急预案，组织开展应急处理工作；立即调动安全保卫人员赶赴现场维护秩序，同时联系政府相关职能部门协助维护现场秩序，保护客户和银行财产安全。

7．如营业网点因灾情不能正常营业，系统内上级服务突发事件应急处理工作领导机构应及时做好相关信息披露工作，公示网点营业变更安排，做好客户安抚工作，消除社会影响。

8．系统内上级服务突发事件应急处理领导机构应向当地监管机构、政府职能部门、银行业协会报告有关情况，请求当地监管机构、政府职能部门共同采取联动措施，统一协调应急处理工作。

9．系统内上级服务突发事件应急处理领导机构组织采取有效措施，尽快恢复营业网点正常对外营业。

10．营业网点保护好现场及监控录像资料。

## 六、火灾等消防事件

1．当银行发生火灾时，大堂经理要立即判明能否有效处理，如能马上灭火，要立即将火扑灭，并向保卫部门报告现场情况并说明"我已处理完毕"；如无法有效处理，立即拨打"119"报警，向保卫部门报告现场的情况并使用灭火器具和消火栓加以控制，减少损失，等待增援。

2．在最短时间与119公安消防指挥员取得联系，协助灭火，并准备好应对外界的信息发布和解释工作。

3．向需要疏散的人员发出通报并协助人员疏散。指导青壮年员工护送行动不便的人员疏散。保卫部门对转移出的物品要指定在安全地点存放，并派员看护。

4．及时切断或关闭可能引起爆炸和助燃的电、水、燃、危险物品源，做好抢险物资保障工作，在安全条件允许状态下，保证消防用水、用电不间断，提供伤员救护、物资运输等保障。

5．全力协助公安消防人员灭火，尽可能避免人员伤亡。

6．确认火灾扑灭后，要设立火灾警戒区域，禁止无关人员进入，保卫部配合公安消防部门调查火灾原因。

## 七、抢劫客户财产

1．营业网点发生不法分子抢劫客户财产事件，大堂经理应会同营业网点应急处理团队立即报警，迅速予以制止，维持现场秩序。

2．在确保银行财产安全情况下，大堂经理应会同营业网点应急处理团队及时、安全疏散其他客户；如客户受到伤害，应迅速实施救助。

3．应及时向系统内上级服务突发事件应急处理工作办事机构报告事件情况。

4．营业网点组织采取有效措施，尽快恢复营业网点正常营业秩序。

5．营业网点保护好现场及监控录像资料。

## 八、营业网点挤兑

1．营业网点发生挤兑事件，大堂经理应会同营业网点应急处理团队迅速疏导客户，防范客户过激行为，维持营业秩序。

2．大堂经理应报告营业网点负责人迅速到达现场，并按程序第一时间向系统内上级服务突发事件应急处理工作办事机构报告。

3．大堂经理应会同营业网点应急处理团队及时安抚客户，全力做好解释和宣传，控制事态发展。

# 第六节　发生声誉风险的处理

所谓声誉风险，是指由银行营业网点经营、管理及其他行为或外部事件导致客户、员工、媒体及监管者等利益相关方对本行形成负面评价而造成的风险。各银行对声誉风险的界定标准不同，普遍根据风险等级分为一般声誉风险及重大声誉风险。在管理声誉风险和处置声誉风险事件时，大堂经理要从全局利益出发，将声誉风险和声誉事件对银行的中心工作和整体发展目标的损害程度降到最低。

## 一、声誉风险事件处置

1．事件发生后，大堂经理应及时向上级以及声誉风险归口部门报告，声誉风险归口管理部门应根据声誉事件的发生地区、涉及的业务类别和其他风险类型等相关情况，会同相关部门组成事件应对小组，共同处理声誉事件。

2．事件发生期间，事件应对小组应迅速对相关事件进行调查，弄清事实，对事件产生的原因进行分析，采取相应措施。

3．事件发生期间，对声誉事件涉及的其他类型风险，相应风险主管部门应根据有关风险管理政策及时应对处理。

4．事件发生期间，各机构声誉风险管理牵头部门应重点关注舆

情信息，及时与相关部门保持沟通，做好对外发布事件相关信息的工作，尽量减少舆论对银行的负面报道。

5．事件发生期间，大堂经理应及时了解声誉事件情况，按照事件应对小组统一部署，以统一口径审慎对待客户问询；如遇媒体采访，应稳妥接待、第一时间报告有关部门。

6．事件结束后，应根据实际情况对相关机构或个人进行责任追究，处理结果应报备上一级管理机构。

## 二、重大失实信息传播应急预案

1．发生营业网点重大和失实信息传播事件，大堂经理报告营业网点负责人，第一时间报告系统内上级服务突发事件应急处理办事机构。

2．视情况，系统内上级服务突发事件应急处理工作办事机构启动应急预案，组织开展应急处理工作，及时联系相关信息传播渠道，进行解释说明，敦促相关信息传播渠道澄清事实。

3．系统内上级服务突发事件应急处理工作办事机构进行正面信息披露，做好客户安抚，消除社会影响。

4．遇媒体记者访问营业网点，大堂经理应主动热情接待，第一时间报告营业网点负责人及系统内上级机构，由系统内上级相关部门以统一口径对外发布信息。

5．如相关信息传播渠道拒绝更正错误失实信息，必要时，由系统内上级服务突发事件应急处理工作领导机构决定采取法律途径解决问题，挽回不良社会影响。

# 第七章

## 银行大堂经理压力应对与情绪管理

　　人们的工作压力和情绪受到越来越多的重视，这是我们追求幸福与身心和谐的需要。过重的工作压力会影响大堂经理的身心健康，也会影响大堂经理的行为表现。通过压力应对和情绪管理，大堂经理将能够高效、轻松、和谐工作，积极、健康、快乐生活。

# 第一节　情绪管理

　　情绪是感性的过程，会影响理性的行为，而且不容易受到理性的控制。学会控制和调节情绪有利于大堂经理采用合理、恰当的方式来服务客户。如果大堂经理情绪调节不好，道理懂得再多，也不容易做好服务工作。管理情绪主要包括情绪理解、情绪表达、情绪控制三个方面。

## 一、情绪理解

　　情绪理解是指敏感准确地理解自己和他人的情绪。首先大堂经理要认识到自己和他人的情绪，才谈得上有针对性地去面对这些情绪。能准确地认识自己的情绪，是处理好这些情绪，让自己内心和谐的前提。大堂经理只有准确地认识他人的情绪，识别他人的情绪所带来的信息，才能调整自己对待客户的方式，灵活面对各种类型的客户。无论在工作还是生活中，和谐人际关系都是大堂经理生活幸福和事业成功的重要基础。

　　【案例】客户抱怨说"办理速度慢，只有一个柜台办理业务，其他几个柜台无人办理业务，没有有效地利用资源"，这表明他已经对银行的服务表现出了不满情绪。具体原因是银行办理业务速度慢，并且只有一个柜台在办理业务。这时候，如果大堂经理敏感地察觉到客户的情绪变动，并及时进行应对和处理，就能够"用最少的水扑灭最小的火"。

## 二、情绪表达

情绪表达是指用恰当的方式表达自己的情绪。良好的情绪表达能力是指一个人能够把自己的情绪，尤其是消极情绪表达出来，并且不影响自己与他人的关系。情绪表达能让人宣泄内心的负能量，有利于情绪舒缓，达到内心和谐，心平气和。如果大堂经理在工作中遇到情绪爆发的客户，客户的情绪化语言和过激行为会让大堂经理觉得非常委屈，甚至是恼怒。这是正常人都会有的反应。但是从客户的角度来说，情绪表达能够让他宣泄内心的不满甚至是抱怨，有助于大堂经理接下来对问题的解决。不管是处理客户投诉，还是处理因排队或设备故障所发生的问题，或者服务带有抱怨、不满甚至是愤怒的客户，大堂经理首要要做的是通过倾听和共情的技术让客户通过情绪表达来舒缓情绪，然后才是表达歉意、收集信息、了解情况和解决问题。

## 三、情绪控制

情绪控制是指克制情绪的冲动，即自我控制。自我控制是影响一个人成功与否的非常重要的因素。一般来说，每一个人对于人生的大道理都懂，"我们要努力，要好好学习，要勤奋上进，不要懒惰，不要过度玩游戏……"但是人们卓越和普通的区别不在于懂不懂这些道理，而是关键在于做不做得到。而自我控制就是让我们执行理性声音，实践道理。知识本身并不改变命运，知识只有通过行动才能改变命运。例如，你坐在办公室里看枯燥无聊的材料和文件，外面阳光明媚。你有一个优势反应的声音：真不想看了，好想出去玩；还有一个劣势反应的声音：我应该辛苦努力地工作，将来才会有杰出成就。所有人都知道努力工作才是对的，但是人们一定会做他们认为对的事情吗？你是坐住了还是没坐住呢？自我控制能力深深地影响人们的行为。如果自控能力强，你坐住了，辛勤努力地工作，在相同情境和条件下，你将来的成就肯定会比没坐住的人要高。在生活和工作中，每个人都是在感性和理性之间挣扎的。自我控制的原理类似于人人常常说的"先甜后苦，先苦后甜"。如果人们总是随着感觉走，想干什么就干什么，过得很逍遥，将来也许会有麻烦；相反，如果能克制住自己的冲动，调节情绪地做自己应该做的事情，将来也许会更快乐。

情绪控制有助于大堂经理在面对压力和情绪时，能够通过恰当的方式去做出理性的行为。

## ● 案例 假币带来的冲突

在一个周末，某支行客流剧增。大堂经理紧绷着一根弦，忙碌迎接客户，积极分流引导。突然，3号柜台一位30余岁的男性客户拍打着柜台玻璃，嘴里喊着"你凭什么说这是假币，你还给我，我不存了"，大堂经理立刻赶了上去，微笑着告诉客户："先生别急，我们帮您再确认一下。"经储蓄主管核对后确定假币无疑。她耐心地解释告知客户假币必须收缴时，该客户没有说话，而是很冷静地说："能给我看看吗？"当柜员将假币交给大堂经理的一瞬间，这位男性客户突然将假币夺过，愤怒地将假币撕碎，对着她扔了过来："有什么了不起的，你不就是个服务员嘛，我不存了，我的钱想怎么处理就怎么处理。"所有客户的目光都聚焦在这位大堂经理身上，她感觉到自己的脸红了，略微发烧，委屈恼怒悄然滋生。很快，她告诫自己一定要冷静，要做好大堂员工的榜样，所有客户都在看着呢。于是她依旧微笑着用坚定的目光看着客户说："先生，不好意思，假币如果再次流通，可能会有更多的人和您一样，蒙受损失，因此这张假币我们必须收缴"，说完她就蹲下来捡地上的碎片。看到此景，这位客户脸红了，迅速地从柜员手中接过假币收缴单离开了。

营业厅恢复了正常营业，大堂经理走进卫生间，看着镜子中的自己说道："不能流泪也不准流泪，因为你是大堂经理。"做着嘴角上扬的动作，微笑着对自己说加油，转身再次走进了营业厅的等候区。此时，营业厅内旁观的观众自发地鼓起了掌声，刚才面对客户无理举动没有流泪的大堂经理，再也止不住感动的泪水……

这位大堂经理的优秀之处在于能够很好地控制自己的情绪，按照理性的声音去行动，行为合理、得当。而这位男性客户给大堂经理带来委屈和恼怒的原因在于他不能控制自己的情绪，行为变得无理、不冷静。两者的情绪控制形成了鲜明对比。

# 第二节　压力测量

什么是压力？一般而言，所有给人带来消极情绪的事与物都可以称为压力。工作时间较长，工作内容和范围比较繁杂，承担的角色较多，面对的客户具有多样性等都可能给大堂经理带来压力。

## 一、压力应对

压力应对可以理解为应对所有给人带来消极情绪的事情，即减少消极情绪。从这个角度来说，压力应对就是减少人的烦恼，增加人的幸福。我们不仅针对工作方面的压力，而且也包括人们生活中所面临的压力和烦恼，大堂经理在工作和生活当中都能用得上这些方法。

理查德·格里格的观点，也可以从另外一个角度对压力进行定义：当环境或者刺激事件对个体的要求超出个体能力所及，打破了个体的平衡和负荷能力时，个体就会感到有压力。压力是失去控制的一种表现[①]。例如，比赛前，人们会感到有压力，是因为人们没有把握做到周围人或者自己所期望的那样好，越没有把握，就越紧张，这就是环境对人的要求超出其自身能力所及，打破了个体的平衡。

压力是相对的，同样的事情，对有些人来说是压力，对有些人

---

① 西华德著，许燕等译：压力管理策略——健康和幸福之道，北京：中国轻工业出版社，2008。

来说不是压力。在银行，某种情境对有些大堂经理来说是压力，对经验丰富的大堂经理来说可能完全就不能构成压力。因为大堂经理的能力不同，对于压力的感知也是有差异的。

　　压力的相对性包括两种情况，分别对应着个体内部和外部。涉及个体内部因素的是：压力的相对性跟每个人自身的能力有关系，能力越强，越有把握应付环境对自己的要求，压力就越小。相反，能力越弱，环境越容易打破个体的平衡和负荷能力，个体感受到的压力就越大。例如，同样的工作指标和任务（环境要求相同），个体能力强，很轻松就完成了，压力就小；个体能力弱，完成得辛苦，压力就大。从这个角度，应对压力的重要策略就是提升个体的能力。涉及个体外部因素的是：压力的相对性与个体所处的外部环境有关，在个体能力水平一定的情况下，环境对个体的要求越高，压力就越大。从这个角度，应对压力的另外一种重要策略就是改变外部环境对主体的要求。上述两种压力应对的重要策略都是问题解决导向的，即提高能力或者降低外部环境的要求。压力的概念和问题解决导向的压力应对模型见图7-1。

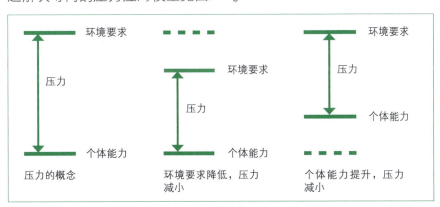

图7-1　压力的概念和问题解决导向的压力应对模型

通过压力的概念，我们就能理解通常说的压力是个体的主观评价和感受。每个人的能力大小是不一样的，因此相同的压力源可能导致不同的人有不同程度的压力。

什么是情绪呢？有人会说是一种感觉，是油然而生的，很难受人的理智所控制。当代心理学家将情绪界定为一种躯体和精神上的复杂变化模式，包括生理唤醒、感觉、认知过程以及行为反应，这些是对个体所知觉到的独特处境所作出的反应。

### 你感觉怎么样？ [①]

假设现在问你："你的感觉如何？"你会怎样回答这个问题呢？你至少应该提供三方面的信息。首先，你会告诉我们你现在的心境如何——你所感受到的情绪。你是否很高兴呢？因为你将去参加一个派对；你是否很气愤呢？因为你的上级刚刚在电话里冲你大吼大叫？其次，你可能会大致地告诉我们自己所感受到的压力。你是否对完成手头的工作有把握呢？还是觉得有些超负荷了呢？第三，你可能会报告一下你的心理或生理上的健康状况。你是否感到自己要病倒了呢？还是感觉良好呢？

当大堂经理处于压力和情绪唤醒的时候，往往会伴随着生理唤醒的反应。压力和情绪可能给人的身体带来很大程度的身体变化。如肾上腺素分泌、肝脏释放糖到血液中、血压和心率提高、气管扩张、排汗增加、消化道减少蠕动、瞳孔放大、贴近骨骼的肌肉和内脏收缩等。不同情绪的生理唤醒反应是不一样的，在愉快的时候心跳变化不大，但是人在愤怒或者恐惧时，心跳加速、呼吸急促，并

---

① 格里格、津巴多著，王垒、王甦等译：心理学与生活，北京：人民邮电出版社，2003，第351页。

伴随着血压升高。

人在面对压力的时候，生理的唤醒有积极的作用。概括来说，就是当人面对超出自己能力所及的环境要求、自身的平衡被打破的时候，通过情绪和生理唤醒来调动机体存储的能力，提升个体的能力，从而来应对压力。

自主神经系统通过它的交感和副交感系统的活动为躯体情绪反应做好准备。交感神经系统负责引导肾上腺释放荷尔蒙，进而导致内部组织血糖释放，血压升高，汗液和唾液分泌增加。当经历了紧急事件之后，为了让自己平静下来，副交感神经系统会抑制这些活性荷尔蒙的释放。如果你在经历了强烈的情绪事件后，维持一段时间的唤醒状态，那么一些荷尔蒙仍然存在你的血液循环当中[1]。这就是我们通常所感受到的："内心久久不能平静"。

生理唤醒包括警觉反应、抵抗和枯竭[2]三个阶段。第一个阶段是警觉反应阶段。这是一个短暂的生理唤醒期，它使躯体为做出有力的行为而做好准备。如果压力持续存在，个体就会进入第二个阶段——抵抗阶段。在抵抗阶段，机体可以忍耐并抵抗长时间的压力所带来的消耗，警觉反应阶段的机体信号特质消失，生理唤醒上升超过正常水平。第三个阶段是枯竭阶段。当个体长期持续暴露在压力之下，会使个体的能量消耗殆尽，导致有机体衰竭甚至是死亡。Selye提出的生理唤醒三阶段模型表明，当人经受压力时，会消耗机体的能量，影响到个体的健康。如果长期处于压力状态下，机体能

---

[1] 格里格、津巴多著，王垒、王甦等译：心理学与生活，北京：人民邮电出版社，2003，第355页。

[2] Selye，H. (1956) The Stress of Life. New York: McGraw-Hill.

力消耗殆尽，最终可能导致重病甚至死亡。中国传统医学也有类似的看法，认为怒伤肝、思伤脾、忧伤肺、恐伤肾。

急性的压力事件，如与客户之间产生矛盾会让大堂经理心跳加速、紧张，并且可能产生委屈、愤怒、焦虑等情绪。长期的压力事件，如工作时间长，承担的角色过多可能会让大堂经理对工作失去热情，感到无精打采、精疲力尽。

## 二、压力症状

只有意识到压力，才谈得上应对压力。不同的人可能有不同的压力反应，表7-1列举了一些共同的压力反应，包括身体的变化、行为的变化和心理的变化。

**表7-1　　　　　　　　　　常见的压力反应**

| | |
|---|---|
| • 入睡困难 | • 便秘或腹泻 |
| • 头疼 | • 手脚多汗 |
| • 脖子或背疼 | • 颤抖 |
| • 肌肉紧张 | • 时常磨牙 |
| • 胸部疼痛 | • 月经不调 |
| • 心悸或呼吸急促 | • 性欲下降 |
| • 胃疼或胃胀 | • 易怒或敌意 |
| • 愤怒 | • 无法抑制地想喊叫、奔跑或躲藏起来 |
| • 抑郁 | • 药物或酒精滥用 |
| • 疲劳，即使有充足的睡眠 | • 吸烟越来越多 |

**续表**

| | |
|---|---|
| ● 莫名其妙的焦虑 | ● 越来越多地使用处方药 |
| ● 情绪起伏波动 | ● 过度运动 |
| ● 暴饮暴食 | ● 对曾经感兴趣的活动提不起兴趣 |

资料来源：Elizabeth Bakken. 10 Ways to Overcome Overload，Ceridian Corporation，2006，7～8页。

在面临压力时，我们应该注意自身的感受、想法和行为。例如，是否想朝着家人发脾气，在工作中很多烦恼，晚上睡眠不好。当放任压力而不处理时，长期的压力可能导致情绪上的问题，例如抑郁。因此，及时认识到压力并释放压力是极为重要的。

### 【Karasek的工作压力模型】

工作情景中的压力包括工作负荷过高、糟糕的人际关系、对手头工作缺乏控制和岗位角色模糊。Karasek的工作压力模型[①]，把工作环境中的要求称为工作要求，把个体自身的能力称为控制。结合压力的概念，如果一个员工外部工作要求高，同时对自己的工作控制低，就会感受到较大的压力。所以，在高工作要求的情况下，提升员工对工作的控制是缓解工作压力的重要方法。

---

① Karasek，R. and Theorell，T. (1990) *Healthy Work: Stress，Productivity and the Reconstruction of Working Life*.New York: Basic Books.

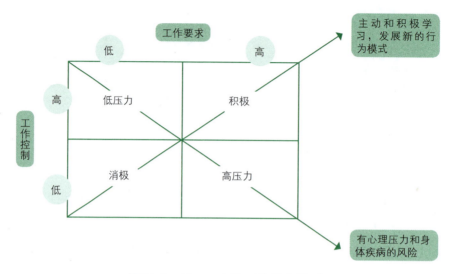

**图7-2　Karasek的工作压力模型**

如图7-2所示在此模型中，工作要求可以是工作任务指标、工作负荷、工作的难易程度、工作环境和管理制度的要求等。工作控制是指员工工作能力的高低，在工作中权力的大小，对自己工作掌控的程度等。简而言之，工作要求是责任，工作控制是权力。根据Karasek的工作压力模型，按工作要求和工作控制两个维度的高低，可以把员工的工作状态分成四种类型。

1．低压力。工作要求低而工作控制高的时候，员工是比较轻松的，压力低。

2．高压力。工作要求高而工作控制低的时候，员工具有高压力。要缓解员工压力，一方面是降低工作要求，另一方面是提升员工的工作控制，如提升能力、权力等。

3．消极。工作要求低且工作控制低的时候，员工的工作状态是消极的。

4．积极。工作要求高且工作控制高的时候，员工的工作状态是积极的，会有高的工作效率。

如图7-2所示，如果随着箭头工作要求越来越高而员工工作控制的状态没有改变的话，员工将会面临心理压力和身体疾病的风险。相反，如果随着箭头工作要求越来越高而员工工作控制也越来越高的时候，员工会越来越积极主动地学习，并创造出新的行为模式，实现成长和发展。

## 三、大堂经理压力测量

大堂经理可以根据表中的压力测试问卷来测试自己的压力，主要从压力的生理和心理反应来测量。

### 压力测试问卷[1]

大堂经理用约10分钟的时间完成压力测试问卷的填写，根据感觉填写，不要在每一题上费很多时间考虑。该测试表能够帮助你大致了解自己的压力，对你的压力管理具有很好的引导作用。

看一下下列项目，看它究竟有多少项符合你的情况，然后根据发生频率对每一项目打分。

题目频率：从未=1分，很少=1分；有时=2分；经常=3分；总是=4分

| 1.我受背痛之苦。 | 26.我喝酒。 |
| 2.我的睡眠不足且睡不安稳。 | 27.我很敏感。 |

---

[1] 余玲艳：员工情绪管理，北京：东方出版社，2007。

| | |
|---|---|
| 3.我头痛。 | 28.我觉得自己像被四分五裂了似的。 |
| 4.我颈部疼痛。 | 29.我的眼睛又酸又累。 |
| 5.若需要等待，我会不安。 | 30.我的腿或脚抽筋。 |
| 6.我的后颈感到疼痛。 | 31.我的心跳快速。 |
| 7.我比多数人更神经紧张。 | 32.我怕结识新人。 |
| 8.我很难入睡。 | 33.我的手脚冰冷。 |
| 9.我的头感到紧或痛。 | 34.我患便秘。 |
| 10.我的胃有毛病。 | 35.我未经医师的指示使用各种药物。 |
| 11.我对自己没有信心。 | 36.我发现自己很容易哭。 |
| 12.我会自言自语。 | 37.我消化不良。 |
| 13.我忧虑财务问题。 | 38.我咬指甲。 |
| 14.与人见面时，我会胆怯。 | 39.我耳中有嗡嗡声。 |
| 15.我怕发生可怕的事。 | 40.我小便频繁。 |
| 16.白天我觉得很累。 | 41.我有胃溃疡的毛病。 |
| 17.下午感到喉咙痛，但并非由于染上感冒。 | 42.我有皮肤方面的毛病。 |
| 18.我心情不安，无法静坐。 | 43.我的咽喉很紧。 |
| 19.我感到非常口干。 | 44.我有十二指肠溃疡的毛病。 |
| 20.我的心脏有毛病。 | 45.我担心我的工作。 |
| 21.我觉得自己不是很有用。 | 46.我有口腔溃疡。 |
| 22.我吸烟。 | 47.我为琐事忧虑。 |
| 23.我肚子不舒服。 | 48.我觉得胸部紧迫。 |
| 24.我觉得不快乐。 | 49.我呼吸浅促。 |
| 25.我流汗。 | 50.我发现很难做决定。 |

### 解释得分

下列每一段分数都相隔半个标准差，总平均分数是54分。将自己的分数与下列分数作一比较，就可大体了解自己的所面临压力的程度。

| 得分 | 压力情况和释放建议 |
| --- | --- |
| 93分或以上 | 你确实经受着极度的压力且它正在伤害你的健康。你需要专业的心理治疗师给予一些忠告，他可以帮助你消减你对于压力的知觉，并帮助你改善生活的品质 |
| 82~92分 | 你正经历太多的压力且它正在损害你的健康，并令你的人际关系出现问题。你的行为会伤害自己，也可能会影响其他人。因此，对你来说，学习如何减少自己的压力反应是非常重要的。你可能必须花很多时间做练习，学习控制压力，也可以寻找专业的帮助 |
| 71~81分 | 你的压力程度中等，它可能正开始对你的健康不利。你可以仔细反省自己对压力是如何反应的，并学习在压力出现时控制自己的肌肉紧张，以消除生理激活反应。好的心理咨询师会对你有帮助，或者选择适合的放松训练方式进行放松训练 |
| 60~70分 | 你生活中的兴奋与压力程度可能相当适中。偶尔会有一段时间压力太大，但你可能有能力去管理这一压力，并很快恢复到平静的状态，因此，它对你的健康并不会造成威胁。做一些放松训练是有益的 |
| 49~59分 | 你能够控制自己的压力反应，是一个相当放松的人。你可能没有将自身所面临的各种压力视为威胁，所以很容易与人相处，可以毫无惧怕地胜任工作，也没有失去自信 |
| 38~48分 | 你对所遭遇的压力毫不在乎，好像并没有发生过一样。这对你的健康不会有任何负面影响，但你的生活缺乏适度的兴奋，因此趣味也有限 |
| 27~37分 | 你的生活可能是相当沉闷的，即使刺激或有趣的事情发生了，你也很少有反应。可能你必须参与社会活动或娱乐活动，以增加你的压力激活反应 |
| 16~26分 | 你在生活中所经历的压力经验不够，或者你并没有正确地分析自己。你最好更主动些，在工作、社交、娱乐等活动上多寻求些刺激。做放松训练对你没有很大用处，但一些心理辅导也许会对你有帮助 |
| 综述 | 如果你的分数位于43~65分之间，你的压力适中，不必改变生活状态。如果你的分数低于43分或高于65分，那表示你需要调整生活状态，低分者需要更多的刺激，高分者则需要更好的压力管理 |

# 第三节　压力与情绪调节的方法

当今社会发展迅速，生活节奏日益加快，银行大堂经理在生活工作中通常会面临较大的压力，因此要学会及时合理地调节和释放压力。

## 一、认知调节的方法

### （一）理性情绪疗法和归因理论

在过去，人们通常认为事件的好坏会直接引起情绪的好坏，遇到好的事情就会产生积极情绪，遇到坏的事情就会产生消极情绪。但是，人们越来越多地从日常生活中发现，不同的人遇到相同的事情，他们的情绪反应是不一样的。有些人，生活中不如意的事情十之八九，可是依然过得很幸福；有些人，生活中的挫折并不多，可是生活满意度依然低下。有时候，人们遇到相同的事情，情绪却截然相反。据此，认知流派指出，事情本身并不完全直接影响人的情绪，而是通过人们的认知来间接影响人的情绪，如图7-3所示。

图7-3　认知在事件与情绪中的中介作用

理性情绪疗法和归因理论就是系统地阐述、运用这一规律，并引导人们积极调解情绪的良好办法。在现实情境中，大堂经理往往无力改变许多客观的环境和事件，而认知调节的最大作用是无须改变客观事件，只要调节人们的认知和心态，就能够让自己过得更轻松、更幸福。

理性情绪疗法：ABC理论。A代表一个事件、行为或客观存在，B是个体关于A的看法和信念，C是个体的情绪和行为结果。ABC理论认为，事件（A）并不直接导致情绪和行为结果（C），而B在很大程度上引起了C，即情绪反应。

A（事件）→B（信念）→C（情绪和行为结果）

ABC理论的核心就是通过调整B来改善C。理性情绪疗法认为：不合理的信念导致了个体的情绪困扰。这些不合理的信念具有三个特征[1]：

绝对化的要求：必须、应该、一定要。这种信念通常是与"必须"和"应该"这类字眼联系在一起的。如果大堂经理认为"我必须获得成功"、"别人必须很好地对待我"、"生活应该是很容易的"等，那么他将极易陷入情绪困扰。

过分概括化：以偏概全，这是不合理思维方式的表现。埃利斯曾说过，过分概括化是不合逻辑的，就好像以一本书的封面来判定一本书的好坏一样。过分概括化是人们对其自身的不合理评价。一些人在面对失败或是极坏的结果时，往往会认为自己"一无是

---

① 钱铭怡：心理咨询与心理治疗，北京：北京大学出版社，1994，第236～237页。

处"、"一钱不值"、是"废物"等。以自己做的某一件事或几件事的结果来评价自己整个人，评价自己作为人的价值，其结果常常会导致自责自罪、自卑自弃心理的产生以及焦虑和抑郁的情绪。例如，我做不好这事，就对不起父母。用一件事情来对整个人定性，过于以偏概全。

在工作生活中，大堂经理在遇到失败或者不好结果的时候，不要用一件事情来对自己和他人进行定性，不要全面的否定自己或者他人，而是应该对自己和他人作出客观、辩证的评价，从而易于保持情绪稳定。

糟糕至极：想得过于严重。糟糕至极是一种认为如果一件不好的事发生将是非常可怕、非常糟糕，是一场灾难的想法。这种想法会导致个体陷入极端不良的情绪体验，如耻辱、自责自罪、焦虑、悲观、抑郁的恶性循环之中而难以自拔。例如，这件事如果没做好，我就死定了。

改善情绪的重要一步是跟这些不合理信念进行辩论，通过辩论动摇这些不合理的信念。对某一个具体的"必须"、"应该"或"应当"进行仔细的分析，最终放弃这一不合理信念或至少不再那么坚持。例如，大堂经理应该学着让自己明白以下几个问题："为什么人们必须公平对待我？"（避免绝对化的要求），"如果对于一个重要的任务我努力了，却没能成功，我真的会变成一个完完全全的失败者吗？"（避免过分概括化），"如果工作生活并不总像我希望的那样，情况也不会糟透了，只是有些棘手而已"[1]（避免糟

---

[1] 科瑞著，石林译：心理咨询与治疗的理论与实践（第7版），北京：中国轻工业出版社，2004，第191页。

糟至极）。

大堂经理挑战非理性思维应该遵循以下步骤：

• 我所持的这种思维是正确的吗？

• 放弃这种思维是正确的吗？

• 可能发生的最糟糕事情是什么？

• 出现最糟糕的后果时，如何应付？

• 看待这个情境最合理的方式是什么？

下面是一些需要去除的非理性思维例子。

• 我要人人满意

• 我要全面出色

• 有错就要严惩

• 痛苦不可避免

• 逃避易于面对

• 人人依赖他人

• 往事决定今朝

• 做事定要圆满

调整不合理信念，舒缓情绪的另一个重要方法是改变语言。

把"如果……那就糟糕透了"改成"如果……情况会变得有些麻烦"。我们所使用的语言模式往往是无助和自我谴责的反映。大堂经理可以通过下面一些具体的例子来做练习。

因为他人对我挑剔，所以我现在不开心

句式转换：情境不变，将结果改为相反词，首句"因为"置后

他人对我挑剔，我仍然开心，因为……

参考答案：
我知道了自己的不足；
我努力工作会使他改变对我的态度；
这会使我有更优秀的表现

……

练习一

因为领导批评了我，所以我不高兴。

→领导批评了我，我仍然高兴，因为……

练习二

因为和朋友吵架，所以我不高兴。

→和朋友吵架，我仍然高兴，因为……

归因理论。归因即人们寻找事件原因的过程。不同的归因会

对个体行为的动机和情绪产生不同的影响。归因理论把事件的原因按照内外因维度分为两类：一类是自身的原因，另一类是外部的原因。内因指存在于个体内部的原因，如人格、品质、动机、态度、情绪、心境及努力程度等个人特征。外因是指行为或事件发生的外部条件，包括背景、机遇、他人影响、工作任务难度等。归因理论认为，把事件发生的原因归因于内部还是外部会引起人们不同的情绪反应。如果将成功归因于内部因素，会产生自豪感、积极情绪；如果归因于外部因素，则会产生侥幸心理。将失败归因于内部因素，则会产生自责、郁闷等情绪；归因于外部因素，则会生气。

根据归因理论，积极归因是指成功的时候内归因和失败的时候外归因；消极归因是指成功的时候外归因和失败的时候内归因，如表7-2所示。

**表7-2　　　　　　　　　积极和消极归因**

|  | 成功时 | 失败时 |
|---|---|---|
| 内归因 | 积极情绪较多，满意和自豪，提高行动的积极性 | 自信心下降，行为的积极性降低 |
| 外归因 | 行为积极性可能提高也可能降低 | 消极情绪较少，维持行为的积极性 |

归因理论鼓励人们积极归因。但是，不能够将积极归因视为精神胜利法或是自欺欺人。首先，从影响事件的因素来说，一定有内因和外因。积极归因鼓励人在成功的时候多看内因，失败的时候多看外因，不见得是自欺欺人。其次，许多心理学家公认的乐观主义定义也支持积极归因的合理性，这种对过去事件的积极归因属于乐观主义的一部分，另外一部分是对将来事件的积极看待。最后，在

阿Q那么悲惨的情境中，如果他不用精神胜利法，还有什么方法能够让他过得更好呢？

我们应该鼓励大堂经理适度积极归因，而不鼓励完全积极归因。完全积极归因的人，内心很和谐，消极情绪较少，但是人际关系会有很大的问题，会影响到同事、朋友、上下级等各种人际关系。许多人都反感一遇到不好的事情就找客观原因的人。相反，完全消极归因的人，消极情绪较多，容易自责和抑郁，但是人际关系会比较好。因为遇到好事，就指向外部原因的人通常被认为非常谦虚，是以他人为中心的；遇到坏事，就从自己身上找原因的人，会被认为是勇于承担责任和很少抱怨。这些在他人眼里都是良好的品质。

归因不能过于极端。例如，神经官能症患者（焦虑症、抑郁症等）倾向于给自己强加责任，患有人格失调的人却不愿承担责任。与外界发生冲突和矛盾，神经官能症患者认为错在自己，人格失调症患者却把错误归咎于旁人。神经官能症患者常常把"我本来可以"、"我或许应该"、"我不应该"挂在嘴边；不管做任何事，觉得能力不及他人，缺少勇气和个性。人格失调症患者则强调"我不能"、"我不可能"、"我做不到"，缺少自主判断及承担责任的能力。治疗神经官能症比治疗人格失调症容易得多，因为前者坚持问题应由自己负责，而非别人和社会所致。治愈人格失调症患者则较为困难，他们顽固地认为问题和自己无关，他人和外界才是罪魁祸首[1]。

在此需要记住的重要一点是：个性的成熟和人际关系的成熟取

---

① 派克著，于海生译：少有人走的路，长春：吉林文史出版社，2006，第20～21页。

决于自我关注和他人关注之间和谐的平衡关系。即我们不能完全积极归因，只关注自己的情绪和感受，这样容易变得自我；也不能完全消极归因，过于关注他人的情绪和感受，这样总是苦了自己，迎合别人。人性格的成熟和人际关系的成熟取决于在自我关注的基础上，能够关注他人。适度的积极归因就是自我和他人之间适度的平衡。过于自我和过于他人这两个极端都是不可取的。

积极归因的个体倾向于追求成功，相信自己的能力能够应付挑战，把成败的关键系于个人是否努力，挫折耐受性强，自信心强。长期消极归因心态有碍于个体人格成长。消极归因的个体倾向于逃避失败，对失败应付能力不足，挫折耐受能力差，不自信。长期把失败归因于自己无法改变的内部因素，人就会陷入绝望。

大堂经理在完成工作的时候，多想想自身的原因，会感觉自己有价值，会感到心情愉悦；当遇到挫折的时候，多找一找外部的原因，自身行动的积极性会得到保持，产生较少的负面情绪，提升挫折耐受力。

## （二）降低期望，知足常乐

根据压力的概念，外部环境对一个人的要求过高是产生压力的重要来源，这里包括自己对自己的要求。因此，大堂经理应该避免完美主义，适当降低对自己的期望，从而缓解压力和调节情绪。从心理学的角度，完美主义是个偏贬义的词汇，许多去寻求咨询帮助的人都或多或少有完美主义的倾向。按照弗洛伊德人格的观点，完美主义会导致心理问题。对自己看似合理而不切实际的高期望和高

要求，会给自己带来巨大的压力，让自己总是生活在抱怨、不满和抑郁当中。有句话叫知足才能常乐。大堂经理不要做完美主义者，要做个乐观主义者，保持接受失败、接受现实、接受成功、接受痛苦的情绪。

完美主义者拒绝痛苦的情绪，认为幸福的人生就是连续不间断的快乐。遇到挫折的时候，完美主义者不允许自己有消极情绪。相反地，乐观主义者认为痛苦的情绪是人活着不可避免的小插曲，他给予自己悲伤和痛苦的空间，允许这些感受来深化人生的经历。

完美主义者拒绝成功，他们永远不会满意。无论他们取得了多大的成就，挣到了多少钱，受到了多少尊敬，永远不会满足。完美主义者永远不会觉得成功，尽管客观上他们取得了成功。乐观主义者也会制定高目标，但是他们的目标是能够达到的，因为他们的目标是基于现实的。当实现目标时，他会欣赏自己的成功，赞赏自己所取得的成就。

完美主义者付出了非常高的情感代价来拒绝现实。拒绝失败给他们带来焦虑，因为失败的可能性总是存在的。相反，乐观主义者接受现实，他们不喜欢失败，但是把失败当作一件自然的事情，因此在他们的生活中，焦虑情绪会更少，能够从活动中获得更多的乐趣。乐观主义者接受现实世界的局限性，而且能感受、欣赏和享受成功。综上，完美主义者与乐观主义者之间的比较如表7-3所示。

表7-3　　完美主义者与乐观主义者之间的比较

| 完美主义者 | 乐观主义者 |
| --- | --- |
| 拒绝失败 | 接受失败 |

**续表**

| 完美主义者 | 乐观主义者 |
| --- | --- |
| 拒绝痛苦的情绪 | 接受痛苦的情绪 |
| 拒绝成功 | 接受成功 |
| 拒绝现实 | 接受现实 |

## （三）社会比较

社会比较就是与他人相比较。社会比较非常有利于降低焦虑，体现在两个方面：

1. 跟不如自己的人比较。你会发现有些人比你还要糟，你的消极情绪能在一定程度上得到缓解。人往往有这样的本能反应，当看到别人比自己好的时候，就可能觉得郁闷；当看到别人不如自己的时候，就感觉挺好。幸灾乐祸这个成语形象地描绘了这个心理过程。

大堂经理平常在跟同事、朋友交流的过程中，互相倾诉压力和心情。首先，倾诉能有效减少负面情绪；其次他人的倾诉也许能让你觉得自己的遭遇还算不错，负面情绪会得到极大舒缓；最后能促进人际和谐，增加社会支持。

我们的文化鼓励人往高处走，总是让我们看到比我们强，走在我们前面的前辈和榜样，有时候真的会带来郁闷，让你觉得累。有时候，可以多看看自己的身后，你会发现自己的伤和痛比起他们来，真不算什么，慢慢地也就没那么心情低落了。

2. 跟比自己强的人比较。从比你强的人那里，直接学习到已经被证明的、有效应对压力的方法。例如，大堂经理可以经常问一问

"我们的工作负荷是一样的，我觉得压力好大，为什么他每天过得很轻松，他在这方面比我强，他做了什么我没有做的呢？""他跟我面对同样的家庭问题，为什么他每天来到单位，情绪比我好得多呢？他还知道什么我不知道的东西呢？"

这样，大堂经理从被比较的人那里获得有关应对方式和改善压力情境的信息，从而获益。

## 二、行为调节的方法

### （一）放松训练

大堂经理的工作负荷比较重，回到家往往身心疲惫，精疲力竭。放松训练能够非常有效地减缓身心的疲惫，降低疲劳，改善心境，是非常适合大堂经理的一种释放压力的方法。

放松能够降低肌肉紧张度、皮层兴奋性、心率和血压，外界环境向中枢神经系统的输入也有所减少。在这种低唤醒的水平下，人们会从压力中恢复过来。要想达到放松状态，需要满足四个条件[①]：（1）安静的环境；（2）闭上眼睛；（3）舒服的姿势；（4）不断重复的心理刺激，比如在心中反复重复的语句。前三个条件是降低外部刺激，最后一个条件是降低内部刺激。

放松训练是把注意力转移到肌肉的活动水平上，学习感知每一块肌肉的紧张程度，并通过练习逐步放松这些肌肉。放松肌肉的原

① 格里格、津巴多著，王垒、王甦等译：心理学与生活，北京：人民邮电出版社，2003，第378页。

理是，既然压力和焦虑会使肌肉紧张，那么肌肉的放松会间接地降低压力和焦虑的影响，从而降低焦虑[1]。放松训练的具体做法是逐渐地让这部分的肌肉放松，注意肌肉紧张和放松的感觉。通过对全身主要肌肉系统的放松，你能更好地了解肌肉紧张的感觉，并且能够释放这种紧张。

通常，睡觉并不能缓解压力，烦恼的事情睡一觉醒来还是烦恼的。但是放松训练，能非常有效地降低你的消极情绪，如紧张、焦虑等。对于严重的情绪障碍，如焦虑症、恐惧症，放松训练也是有效的。放松训练还能非常有效改善身体的疲劳、肌肉的紧张。最后，放松训练还能改善睡眠。如果入睡困难，可以试着用放松的方法来辅助入睡。

## 放松训练指导语

在一个安静的环境当中，让自己静下心来，没有杂念。找张舒适的椅子或者沙发坐好，让自己尽可能地舒适，让自己尽最大可能地放松。松开束缚自己的物品（如手机、手表等），以便减少感觉刺激。

静坐，自然地闭上双眼、摆正姿势，清空大脑，顺其自然。

注意放缓自己呼吸的节奏，轻轻地呼，轻轻地吸，可以心里默数呼吸的次数。感到自己的眼皮越来越沉，直到睁不开眼。四肢也逐渐感到沉重、松弛，动也动不了。

想象自己在一个非常舒适的环境中，如以下两种情景中的一种：

---

[1] Lawrence R. Murphy. Stress Management at Work: Secondary Prevention of Stress.In Schabracq, Marc J. etal.(Eds), The Handbook of Work and Health Psychology(Chapter 25, PP.533-548).2. Edition September 2002, John Wiley & Sons.

　　情景一：海滩上。想象自己舒服地躺在海滩上，暖暖的、柔软的沙子贴着背部，温暖着背部。头顶上是蓝蓝的天，和煦的阳光照在身上，暖洋洋的，耳边传来海浪的声音，海风轻轻拂来，带着海水的味道。尽可能把场景想象得优美、舒适、惬意。

　　情景二：优美的山谷里。想象自己到了一个风景优美的地方，躺在绿草如茵的小溪边，头上摇曳着鲜花，沁人心脾；耳边能听见溪水潺潺，不时传来欢快的鸟鸣。在这世外桃源的仙境里，舒服极了。

　　清空自己的大脑，什么都不想，想象自己脑海里所有的思绪和烦恼像轻烟一样飘散出来，越飘越高，越飘越高，风一吹，就变得烟消云散。脑子里变得空空的，心里感到从未有的宁静。以这样一个舒适惬意的状态，来开始从头到脚地肌肉放松。

　　头部放松：放松头部，觉得头部肌肉越来越松弛，头部微微发热，反复在心里对自己说，放松我的头部。同时注意自己的呼吸。

　　接着逐步放松颈部、两肩、胳膊、肘、手、胸部、腹部、两腿、两膝、两足。感受肌肉放松的感觉。同时缓慢地、均匀地呼吸。也可默数呼吸的次数，缓慢地呼，缓慢地吸……通过注意自己的呼吸，从一种肌肉的放松过渡到另外一种肌肉的放松。

　　全身肌肉极度放松，用手或脚的沉重感来体验肌肉的松弛程度，越觉沉重表明肌肉越加松弛，同时进行缓慢、均匀、深长的呼吸。练习时不进行任何思考，意念不能离开放松部位肌肉的感觉，一旦出现与放松训练无关的思想，应立即停止，把注意力引回到手脚沉重感的体验上。

　　放松结束后，用双手搓搓脸，活动活动，伸展一下筋骨。

　　放松训练可每天一次，每次10～15分钟，但是需要注意饭后一个半小时内不宜进行。

### （二）体育锻炼

体育锻炼是非常有效地应对压力和调节情绪的方法。体育锻炼能增强人的自信，改善人的心境，宣泄不良情绪，增强人的挫折耐受力，提升心理健康水平。

运动尤其是有氧运动能非常有效地减轻抑郁，并得到了一项实验[①]研究的证明。研究人员把43名具有较高抑郁程度的女学生随机地分成三个组：（1）体育锻炼组（每周两次一个小时的体育锻炼，持续十个星期）；（2）放松组（仅仅是放松）；（3）没有任何运动措施组。在五个星期后，相比其他两个组，体育锻炼组的抑郁程度有明显的下降迹象。同样，体育运动也能够有效地减轻焦虑。

体育锻炼可以舒缓压力，能够转移人的注意力（这件事情让你很烦，但是在锻炼的时候，你就没工夫想这个烦恼的事情了）。体育锻炼能提升人的心理状态，通过运动能增强自信和自尊[②]。

体育锻炼给人带来益处可以归纳为以下几点：

1．积极自我知觉，接纳自己。

2．自信心和自尊心。

3．安慰、满足和快乐。生活中的积极情绪可以有效地抵消消极情绪。在体育锻炼中获得的安慰、满足和快乐能非常有效地改善人

---

[①] McCann，I.L. and Holmes，D.S. (1984) Influence of aerobics on depression，*Journal of Personality and Social Psychology*，46: 1142–7.

[②] Ogden，J. (2007). *Health Psychology*，4th Edition，Open University Press，Maidenhead. p.163.

的心境。

4．降低肾上腺素感受体的数目和敏感性。这使人们在面对压力情境的时候能够有较低的生理唤醒水平。

5．降低心率和血压，从而减轻灾难性事件对生理的影响。强健的身体、良好的心血管功能都能够减缓压力源给人所带来的生理和情绪上的影响。

6．锻炼人的意志，增强挫折耐受性。

7．培养合作精神，锻炼人际交往能力。

## （三）深呼吸

当遇到急性压力，如紧急情况的时候，深呼吸能够在非常短的时间（1～2分钟）内缓解情绪，释放压力。在紧张的时候，我们可以进行深吸气，然后用5秒钟把所有的气呼出，连续做几分钟，直到平静为止。这种呼吸技术对于压力、焦虑、抑郁、肌肉疲劳、过于兴奋和紧张都有效。通过呼吸肌肉的强力扩展和缓慢收缩，深呼吸能够唤醒自主神经系统中的副交感神经，从而对情绪进行抑制，达到舒缓情绪的目的。

深呼吸的方法通常用于考试、比赛前的紧张、冲突当中的愤怒和冲动情境当中。可以快速让自己平静下来。当你处于特别愤怒或者焦虑当中的时候，以下步骤可以非常有效地让你平静下来：

1．1+3+10=冷静。1是提醒自己要冷静，3是深呼吸三分钟，10

是从1数到10，做完后情绪会平复很多。

2．缓慢地做五次头部运动，让脖子的肌肉舒展。

3．停下手头的工作或者正在干的事情，离开这个环境，到其他的地方呆上几分钟。

4．想象自己在一个特别放松的环境里。

## （四）克服拖沓，提高自我控制

拖沓是指人们由于时间管理不当，使不紧急的事情变得紧急，从而人为地导致压力。下面介绍拖沓的机制和克服的办法。

人在意识和潜意识里受两种基本需要所驱动：

趋利：获得快乐。

避害：回避痛苦。

人们的行为往往是受这两种需要所驱使。当趋利和避害产生冲突的时候，人们往往选择避害。回避痛苦的驱动力往往比追求快乐的驱动力更强大。例如，周末休息，你有两个选择：

1．度假寻找快乐。

2．去医院把你的牙疼治好。

你会做哪个选择呢？相信大部分的人会选择回避痛苦，去医院把牙疼治好。运用这个范式就可以解释人的拖延行为了，下面用一

个拖延的例子来说明。假设现在要写一份报告，一个月后提交，按照趋利避害的模型来分析你当前所处的处境：

痛苦

• 写报告很枯燥、无聊；

• 想到写报告就很有压力；

• 写报告很花时间，会影响我的其他安排。

快乐

• 当报告提交的时候，会有成就感；

• 我的报告能够影响领导、单位的想法和决策，非常有意义；

• 通过报告，能够让领导了解我的能力和想法，赢得领导的欣赏。

在这种情形下，根据回避痛苦比追求快乐有更强的驱动力，通常我们会选择回避痛苦，也就是不去面对报告，于是写报告的时间一天一天往后推，直到接近最后期限，在强大的压力下，压力所带来的紧张和痛苦超过了面对报告时的痛苦，我们才不得不开始报告的写作。通常，人们的拖延行为都可以这样来解释。拖延的人和有行动力的人之间的区别就在于：当面对痛苦时，你是主动面对还是回避，直到最后避无可避。所以，克服拖延的办法是积极面对痛苦和问题，不回避痛苦，先苦后甜。

规避问题和逃避痛苦的趋向是人类心理疾病的根源。我们要让自己，也要让我们身边的人认识到，人生的问题和痛苦具有非凡的价值。勇于承担责任，敢于面对困难，才能够使我们心灵变得更加健康①。

### （五）寻求社会支持

任何一个与你有明显社会关系的人，如亲戚朋友、同事、邻居等，都可能在你面临困难和压力的时候给你提供有形的支持（钱、物等具体的帮助）、信息的支持（建议、信息等）和情感的支持（关心、理解、尊重、问候等）。

社会支持包括两种类型，一是情感的支持（如关怀、安慰、鼓励等情感上的支持）；二是帮助性的支持（如提供指导、资源和实际的帮助）。研究②发现，高社会支持的员工比低社会支持的员工表现出更好的身体状态，冠心病的发病率更低。这说明即使是在相同的压力条件下，社会支持能够有效地帮助个体应对压力。

寻求帮助。许多人在遇到困难的时候，不愿意向他人寻求帮助，可能有两种原因：一是人们总担心麻烦别人，怕给人带来麻烦。其实，有些事情在你眼里是麻烦，也许在别人眼里不是麻烦，甚至是快乐也说不定。另外，你身边的亲朋好友，包括任何一个与你有社会关系的人，在你陷入麻烦的时候，都可能给你提供情感的支持或者实质的帮助。如果不好意思求助，可以从一些小事情做起，比如请邻居帮忙接小孩放学，向朋友借本书，问问同事工作上的建议等。事后记得真诚的感谢帮助过你的人，并在将来有机会的时候，给他们提供热心的帮助。二是向他人求助好

---

① 派克著，于海生译：少有人走的路，长春：吉林文史出版社，2006，第5页。
② Karasek, R. and Theorell, T. (1990) *Healthy Work: Stress, Productivity and the Reconstruction of Working Life*.New York: Basic Books.

像是承认自己不行，是弱者的行为。其实向他人求助是需要巨大勇气的。但是，需要记住一点：勇于在他人面前承认自己的不足和弱点，是勇者的行为。

大堂经理在遇到烦恼和压力的时候，如果能够从身边同事那里得到支持和帮助，那么将会非常有效地减缓压力、舒缓情绪。这样通过团队力量来面对压力，往往能更加有效地解决压力。

### （六）和谐人际关系

人际关系是我们获得幸福和快乐的源泉，也会使我们更有安全感，更健康。我们每个人在生活中都有非常爽朗的笑声，如果留意一下就会发现，这些笑声都是来自于几个人聚在一起的时候。几乎很难看到一个人在那里哈哈大笑的，如果有这样的人，可能你会觉得不正常。很显然，你想要生活中爽朗的笑声多一点，就要跟朋友、家人在一块的时间长一点。

在特别忙碌的时候，你可能会主动或被动地较少地跟朋友交往，但是我们可以这样来解决这个问题。首先，尽可能留出时间来跟你的朋友和家人沟通、交往。在合适的时间，尝试和朋友们一起做一些喜欢干的事情，如逛街、聊天、看电影、运动等。其次，与朋友培养一些共同的爱好，并把与朋友交往放在固定的时间表里，当养成习惯后，忙碌的工作也难以影响到与朋友们的交往。而且在与朋友约会之前，会让你有个好期盼，有个好心情，有件值得高兴的事。

在日常生活中，"多愁善感"和"呼朋唤友"往往很难用来形容一个人，这就形象地说明了社会支持的作用。一般来说，一个呼朋唤友的人，往往很难是多愁善感的。这是因为呼朋唤友的人有很多社会支持，当他遇到问题和烦恼后，可以从许多的朋友那里获得情感的支持和实质的帮助。所以，你可以主动选择做一个呼朋唤友的人，多跟朋友沟通交流，多愁善感也许就悄悄地远离你。

反过来看人际关系与压力的关系。大量的研究证明了人际关系与压力、健康之间的关系。与我们关心的和关心我们的人在一起分享我们生命里的经历、想法以及感受，可以增加生活的意义并安抚我们的痛苦，让我们感到这个世界充满了欢乐[1]。

如果大堂经理有和谐的同事关系，和睦的家庭关系，有几个常来往的好朋友，这种和谐的人际关系会增加大堂经理的幸福感，同时让大堂经理的心境永远保持积极向上。

### （七）增强自我控制

近年来，许多的压力专家都在强调自我控制在理解和应对压力中的重要作用。自我控制主要表现为：自我效能感、意志力和控制感[2]。

1．自我效能感。自我效能感是调节压力的有利因素[3]，它类似

---

[1]　泰勒·本·沙哈尔著，汪冰等译：幸福的方法，北京：当代中国出版社，2009，119页。

[2]　Ogden, J. (2007). *Health Psychology*, 4th Edition, Open University Press, Maidenhead. p.227.

[3]　Lazarus, R.S. and Folkman, S. (1987) Transactional theory and research on emotions and coping, *European Journal of Personality*, 1: 141–70.

我们常说的自信，指的是相信自己能做到期望的行为。研究表明[1]：自我效能感能非常有效地缓解压力所带来的免疫力低下和身体上的变化（如血液、心率和压力荷尔蒙）。例如，"我很自信能够在这次考试中取得成功"这样的信念能够缓解个体生理上的变化，从而降低个体的压力反应。因此，自我效能感可以有效地缓解人们的压力反应。

2．意志力。自我控制的第二个方面是意志力[2]。意志力反映了：（1）个人控制感；（2）渴望接受挑战；（3）承诺。意志力的水平会影响个体对潜在的压力源和压力反应的评价，也就是说，意志力强的个体更不把压力当一回事，压力反应也较低。

3．掌控感。个体对事物的掌控感有助于个体应对压力[3]。人在遇到自己不能控制的事情时，容易感受到压力和焦虑。比如遇到堵车，你可能要迟到了，但是你对于改变处境是无能为力的，这时候就会焦虑。当遇到无法控制的情形、人和事的时候，你要把注意力放在自己能够控制的事情上，如自己的反应、自己的行为。你可以选择自己的行为，例如有人犯错了，你可以选择平静地跟他讲道理，也可以选择愤怒地批评，这完全取决于你自己的选择。

大堂经理要在工作中提升自己对工作的自我效能感、掌控感，

---

[1] Bandura, A., Cio, D., Taylor, C.B. and Brouillard, M.E. (1988) Perceived self-efficacy in coping withcognitive stressors and opioid activation, *Journal of Personality and Social Psychology*, 55: 479–88.

[2] Kobasa, S.C., Maddi, S.R. and Puccetti, M.C. (1982) Personality and exercise as buffers in thestress–illness relationship, *Journal of Behavioral Medicine*, 5: 391–404.

[3] Karasek, R. and Theorell, T. (1990) *Healthy Work: Stress, Productivity and the Reconstruction of Working Life*.New York: Basic Books.

丰富自己工作的经验和问题解决的经验，这都能够非常有效地帮助自己缓解压力。

### （八）倾诉：情绪表达

1977年，心理学家伯恩哈特曾尝试着证实宣泄的治疗效果，他首先将自愿担任受试者的员工随机地分为四组，并请他们回想曾经令自己生气的任何一件事情：（1）控制组——只回忆有关事件的各个细节；（2）分析组——除回想之外，还帮助受试者理性地分析情绪、动机以及与此事件有关的其他心理因素；（3）解放组——除回忆事件之外，假想令自己生气的人就在身旁，引导受试者表达出对此对象的愤怒；（4）角色扮演组——受试者不仅要表达出对此人的愤怒，还要假想对方会如何响应自己所表现出的愤怒。显然，这四组人员的情绪宣泄程度是递增的。研究发现，角色扮演组受试者的愤怒以及敌意程度最低。可见，宣泄有助于情绪管理[1]。

压抑情绪表达，尤其是在压力情境中压抑消极情绪的表达对身体是有害的[2]，情绪表达是有益的[3]。情绪的表达有两种方法，一是把自己的感受和情绪写下来——写作；二是通过语言表达出来——倾诉。这两种方法都有效果。如写下"影响你情绪和生活的事件，并谈谈你内心深处的想法和感受。在你的日记中，希望你能够探索自己内心深处的情绪和感受……"通过写下来或者向他人倾诉的方

---

[1]　余玲艳：员工情绪管理，北京：东方出版社，2007。

[2]　Ogden, J. (2007). *Health Psychology*, 4th Edition, Open University Press, Maidenhead. p.249.

[3]　Pennebaker, J.W. (1997) Writing about emotional experiences as a therapeutic process, *Psychological Science*, 8(3): 162–6.

式，鼓励情绪表达对身体是有益的。这种通过写日记表达内心感受来进行情绪表达，从而缓解情绪和压力的方法，被广泛地运用到了各种人群身上，都具有良好的效果。写作坚持较长一段时间，也会非常有效[①]。

### （九）努力发现工作的价值和意义

只有快乐没有意义，人会慢慢变得空虚；只有意义没有快乐，人会变得劳累。努力寻找工作中的意义，能够让你获得使命感，过得充实，给你带来幸福感。在日常工作中找到使命感，从中可以得到更多的意义和快乐，人们与服务对象的关系也不再是简单的金钱关系，还可以看到自己作为团队的缔造者和维系者的意义，因此要获得更多的幸福感，对工作的认可有时候比工作本身更重要[②]。

大堂经理可以问一问自己，你觉得在目前的工作中，如何发现工作的意义呢？你可以做出什么样的改变呢？

写一份工作描述，客观地发现并记录下这份工作潜在的意义和快乐。我们看待工作的方式，甚至我们向他人介绍自己工作的方式，可以极大地影响我们在工作中的体验。

以上介绍了许多压力应对和情绪调节的方法，大堂经理不一定在生活工作当中全部都用，可以选择一些适合自己的方法来调节压力。下面介绍一个案例来说明以上各种方法的灵活运用。

---

[①] Ogden, J. (2007). *Health Psychology*, 4th Edition, Open University Press, Maidenhead. p.249.

[②] 泰勒·本·沙哈尔著，汪冰等译：幸福的方法，北京：当代中国出版社，2009，第113页。

## ● 案例　愤怒的客户

一天某银行来了一位男子，拿着异地的一张银行卡和一张存折，要求把存折里的钱转到银行卡里去。大堂经理向男子解释说，根据当时银行的规定，要收两笔手续费，即异地存折取出和异地银行卡存入手续费。男子情绪激动，大发脾气，嘴里说着辱骂的话，对于解释根本听不进去……大堂经理感到特别委屈。这时候，大堂经理要怎么做才比较妥当，怎么应对这个压力情景呢？

首先，从问题解决的角度分析。从问题解决的角度来解除压力，就是大堂经理解决矛盾和纠纷处理的典型做法。可以分为几个步骤：

1. 认真倾听，让客户宣泄和表达，减弱客户内心的负面能量，把客户从感性拉回理性。

2. 表达歉意，让客户感到被尊重，赢得客户的信任和好感。

3. 了解情况，收集信息，在完全了解信息的基础上作出判断。

4. 与客户一起商量，提出解决方案。

5. 问题解决后回访客户，获得反馈并改善行为。

其次，运用情绪导向对压力和管理情绪的方法进行分析。

1. 理性情绪疗法。客户有意见和发脾气是正常的，在任何一个银行都可能发生。任何时候都不可能让所有人满意，总有人是有意见的，尽可能地让更多的人满意，让更少的人有意见是我们努力工作的方向和目标。这样，大堂经理能够理解和接纳客户的无理行为。

2．归因理论。客户发脾气并不是因为大堂经理和柜员自身做得不好，而是对银行的规定不理解。外部归因能够让大堂经理内心宁静。

3．期望是压力与情绪产生的重要原因。外部的要求（收两笔手续费），超出了客户的期望（收一笔或者不收手续费），是客户产生愤怒情绪的原因。理解这个原因后，能够有针对性地跟客户沟通，说明银行的规定对任何人都是一样的，消除客户不合理的期望，接受外部合理的要求。

4．社会比较。大堂经理觉得受了委屈，心中很郁闷。某天跟同行交流的时候，说起这个事情，同行随即讲了一个发生在自己身上更大矛盾和纠纷的事例，这位大堂经理消极情绪得到极大的舒缓。

5．放松训练。大堂经理处理了矛盾事件，回到家，身心疲惫。通过做10分钟的放松，让身体和心灵得到了极大的放松，缓解了压力，舒缓了情绪。

6．体育锻炼。大堂经理应平常积极锻炼，在面对矛盾和压力事件的时候，生理唤醒水平低，能够心平气和地来处理矛盾。

7．深呼吸和转移注意力。在客户发脾气时，大堂经理如果非常愤懑激动，快控制不住情绪了。这时候，用深呼吸和转移注意力的办法来保持冷静和理智。大堂经理告诉自己1+3+10=冷静。1是提醒自己要冷静，3是深呼吸三分钟，10是从1数到10，做完后情绪平复了很多，继而能够冷静地处理矛盾。

8．社会支持。在与客户发生矛盾和纠纷的时候，同事都纷纷过来帮助大堂经理处理矛盾，有的同事跟客户解释和沟通，有的同事安慰大堂经理，有的同事用目光关注大堂经理，让大堂经理觉得有强大的支持，轻松地应对了这次纠纷。

9．和谐人际关系。家人知道了当天的事情，安慰了大堂经理，让他感受到了关心和温暖，有了工作的动力，家也成为安全基地和放松的港湾。

10．情感的宣泄。大堂经理回到家后，心情很低落，非常委屈地大哭了一场，心情好了许多，或者大堂经理跟自己的好朋友倾诉了一番，心情也会得到好转。

11．工作的价值和意义。事后，领导知道了当天发生的事情，安慰并鼓励了这位大堂经理，让他觉得自己顺利地处理了一起矛盾事件，充满自我效能感。今后，他更有信心去面对工作，工作压力得以减缓。

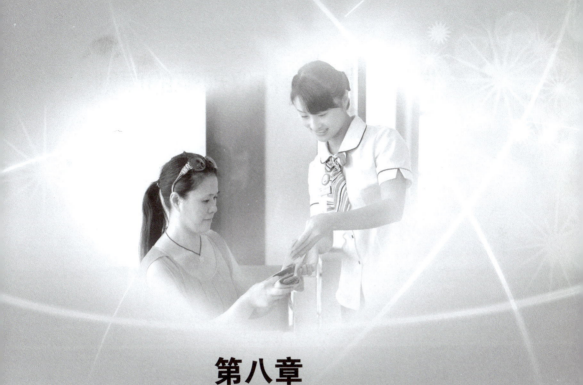

# 第八章

## 银行大堂经理礼仪规范

　　大堂经理作为银行从业人员，应明确行业文明服务礼仪规范的原则、内容、应用场景、重点关注的方面及需要禁忌的事项，并能够因地制宜、因时制宜、因人制宜、熟悉技巧、灵活应用，达到展示职业形象、改善客户体验，提升行业服务水平和文明规范服务形象的目的。

# 第一节　大堂经理礼仪规范的原则

银行大堂经理礼仪规范的基本原则主要有积极主动、热情周到、文明规范、礼貌待客。

## 一、积极主动

所谓积极主动，就是在客户到来或开口之前，大堂经理就主动做好服务的准备。主动服务意味着要有更强的情感投入，要有极强的工作热情，还要遵守服务规范和工作标准。主动是服务礼仪中特别强调的一种精神。主动服务常常以一种超前性的服务行为表现出来，有积极主动解决客户要求的意识和能力，对客户心理有深刻的理解，并富有同情心，发自内心、满腔热情地向客户提供良好服务，能给客户带来更强烈的欢愉感，使其铭记难忘。

## 二、热情周到

所谓周到服务，是指服务内容和项目细致入微，处处方便客户，体贴客户，千方百计帮助客户排忧解难。既要做好共性规范服务，还能做好特色服务。

## 三、文明规范

所谓文明规范，是文明服务和规范服务的有机结合。文明服务是指在服务过程中，要体现良好的企业文化和良好的个人服务素质。规范服务是指向服务对象提供标准化、体系化、制度化的服务。规范服务是文明服务的前提，文明服务是规范服务的升华。

## 四、礼貌待客

所谓礼貌待客，是指按服务礼仪规范要求接待并服务客户。礼貌服务要体现在整个服务的全过程、各环节。礼貌服务要达到以下基本要求：精神集中，举止规范；语音、语调适度规范；业务操作娴熟准确；服饰规整，干净利落；服务周到，保证质量。

# 第二节  大堂经理的仪容及仪态礼仪

银行大堂经理礼仪规范，主要包括仪容礼仪规范、仪态礼仪规范和沟通礼仪规范。

## 一、仪容及仪态礼仪的概念

1．仪容礼仪即仪容仪表修饰礼仪，包括大堂经理的容貌、发质发型、肌肤体型等方面。

2．仪态礼仪即姿态风度礼仪。其中，姿态是指一个人举止动作的样子；风度是指一个人内在气质的外在表现。

## 二、仪容及仪态礼仪的原则

成功的仪容、仪态礼仪一般应遵循以下原则：

1．适体性原则：即仪容仪表修饰应与自身的性别、年龄、容貌、肤色、身材、体型、个性、气质及职业身份等相适宜和协调。

2．T.P.O原则：即时间（time）、地点（place）、场合（occasion）原则，要求仪容仪表修饰因时间、地点、场合的变化而相应变化，与时间、环境氛围、特定场合相协调。

3．整体性原则：要求仪容仪表修饰先着眼于整体、再考虑各个局部的修饰，促成修饰与自身的诸多因素之间协调一致，使之浑然一体，营造出整体风采。

## 三、仪容及仪态礼仪的内涵

仪容及仪态礼仪的内涵有三个层次，分别为先天美、修饰美和内在美。仪容仪态之美是先天美、后天修饰美与品质内在美的完美结合，忽视了其中的任何方面，都不能构成真正的仪容仪态美。其中，内在美是核心与关键，是最终起决定作用的部分；修饰美则是后天学习和熏陶而成的，是现代生活和工作中不可或缺的重要内容。

## 四、仪容礼仪应重点关注的方面

大多数国内银行都建立了大堂经理仪容礼仪方面的文件制度，大堂经理应按照规范要求，对自己的仪容礼仪进行必要的修饰和维护，并重点关注发部、面部、肢体和服饰等方面的礼仪。

### （一）发部礼仪

恰当的发型可以很好地体现一个人的修养和素质。大堂经理应根据工作性质及岗位特殊要求、个人审美习惯和自身特点，定期对自己的头发进行清洁、修剪、保养和美化。

### （二）面部礼仪

大堂经理应保持面部整洁，男员工不留胡须，女员工应施淡妆。

1．面部化妆礼仪。大堂经理进行适当的面部化妆修饰不仅是为了美化自己，也是尊重客户的表现。化妆时应遵循庄重正式、清淡高雅、扬长避短等原则，做好眼、鼻、口、耳等部位的化妆修饰。

2．面部微笑礼仪。微笑是不用翻译的世界语言，它传递着亲切、友好、愉快的信息。微笑转瞬即逝却往往能留下永恒的回忆。微笑服务能带来良好的第一印象；微笑服务能给工作带来便利，提高工作效率；微笑服务能为银行塑造良好的社会形象。大堂经理应按照微笑礼仪规范要求，通过严格的练习，配合眼神交流等方面的沟通技巧，为客户提供良好的微笑服务。

### （三）肢体礼仪

在服务过程中，大堂经理的肢体语言扮演着重要的角色，如手臂、指甲、下肢等，应遵循不同的修饰礼仪要求。

### （四）服饰礼仪

服饰直接影响第一印象，得体的穿着不仅是个人素质、修养和品位的体现，还能传达认真、踏实、稳重、真诚、有责任心、值得信赖等信息，是对客户的尊重，同时统一规范的银行职业服装还有利于提升客户的信赖感，也彰显了行业形象。

大堂经理的穿着应做到合体、齐整、整洁、挺括、规范。

1．西装穿着礼仪。

（1）衣扣的扣法惯例。单排一粒扣，可扣可不扣；二粒扣时，只扣上面一粒或全扣上；三粒扣时，只扣中间一粒或扣上面两粒，同时也可三粒扣全扣上；双排扣西服则在稍正式场合都应把纽扣扣上。

（2）西服应贴身合体。西服的肥瘦一般是按自己的胸围放松10～12厘米；长度大约是肩部位到足跟的一半，不超过臀下线；袖子的长度至手腕关节，要使衬衫袖子多出2厘米，并且衬衣领也要高于西服领1厘米。西服马甲扣上扣子后以贴身紧凑为合适。

（3）衬衫的选配。一般首选国际化的白色、淡蓝、中蓝等单色衬衫，较轻松一些的选取白底条纹、格子衬衫。深色衬衫和花纹衬衫一般不适合正规活动和高级商务活动。

（4）领带的选配。大堂经理应始终打领带，领带的长度有一定讲究：领带尖不应低于皮带头，但也不要高于它。

（5）鞋袜的选配。较常规的皮鞋应是黑色；袜子应与裤子同色系。

2．套裙穿着礼仪。

（1）贴身合体。上衣最短可以齐腰，裙子最长可及小腿中部，上衣的袖长要盖住手腕等。

（2）穿着规整。领子要完全翻好，口袋的盖子（若有）要拉出来，衣扣全部系上等。

（3）妆容协调。应化淡妆、少配饰。

（4）举止适当。要举止优雅、大方。站要稳正、挺拔，不可双腿叉开；入座后，不要双腿分开过大，或是跷起一条腿来；走路步子要轻而稳。

（5）鞋袜的选配。鞋子的款式应该是高跟、半高跟的船式皮鞋或盖式皮鞋，要穿着舒适、美观大方。鞋跟高度应该以3～4厘米为主。鞋的颜色应与衣服下摆一致或再深一些。建议穿中性颜色的鞋，不要穿红色、粉红色、黄色等亮色的鞋。与鞋子相配的袜子，应当配长筒丝袜或连裤袜，颜色以与肤色相同为佳。

3．饰品佩戴礼仪。工作期间，佩戴饰品的数量不要超过3件，且不宜佩戴夸张的饰品。

（1）女员工手上最多可佩戴戒指一个；不宜佩戴一些色彩材质夸张的手镯、项链等；只适合戴小巧的耳钉作为耳饰；根据不同场合、服装和当天的化妆、发型来选配丝巾的色泽和款式；身高者，丝巾要宽大些，花型小一些，色彩柔和一些；体型纤弱者，丝巾应短一些，花色可繁杂艳丽些。

（2）男员工身上一般只佩戴手表，手表的选择要符合自身身份及气质要求，避免佩戴过于夸大、过于昂贵或价格低廉的手表，尽量选择外形大气、厚重、品质精良、轻便的腕表。

# 五、仪态礼仪应重点关注的方面

## （一）站姿礼仪

1．站姿的标准要求：双眼平视，下颌微收，挺胸收腹，笔直挺拔，精神饱满，和蔼庄重。男员工的站姿应表现阳刚、英武、可靠的力度美；女员工的站姿应体现亲切、娴静、典雅的知性美。

2．不良站姿及站姿忌讳：无精打采或东倒西歪；双手掐腰或抱在胸前；倚靠墙体或其他物体；弯腰驼背，两肩高低不一；将手插在裤袋里，或做其他小动作；长时间背对客户等。

## （二）坐姿礼仪

大堂经理一般应站立服务。特殊情况下，也可稍作休息，并遵循以下规范要求：

1．入座时要稳、要轻。

2．一般只坐满椅子的三分之二，不要靠椅背，休息时可轻轻倚靠。

3．面带笑容，双目平视，嘴唇微闭，微收下颌。

4．坐相端正，立腰、挺胸，上体自然挺直，双肩放松平正，双臂自然弯曲。双手放在膝盖和工作台上。坐有扶手的椅子时，男士也可将双手分别搭在扶手上，而女士则最好只搭一边，以示高雅。

5．两腿自然弯曲并正放或侧放，双膝自然并拢，双脚平放或交叠。

6．女士可选用上体与腿同时转向一侧，面向对方形成优美的S形坐姿。

7．不可前倾后仰，或歪歪扭扭，两腿不可过于叉开，也不可长长地伸出去，不可高跷二郎腿，也不可大腿并拢，小腿分开，或摇腿、颤腿等。

## （三）行姿礼仪

1．一般行姿礼仪。行走时，步履应自然、轻盈、敏捷、稳健，女士还要步履匀称、端庄、文雅，以显示温柔之美。

行走时，头要抬起，挺胸收腹，腰背笔直；目光平视前方，双臂自然下垂，手掌心向内，并以身体为中心前后自然摆动，前摆约35度，后摆约15度。起步时身子稍向前倾，重心落前脚掌，膝盖伸直，腿部伸直，腰部放松，脚步要轻并且富有弹性和节奏感。

2．特殊情况下的行姿礼仪。

（1）陪同引导时的行姿礼仪。在陪同引导时，应注意方位、速度、关照及体位等方面，如果双方并排行走时，大堂经理应居于左侧；如果双方单行行走时，要居于左前方约一米的位置；当被陪同人员不熟悉行进方向时，应该走在前面、走在外侧；要注意行走速度与对方相协调，不宜走得太快或太慢。当经过拐角、楼梯等地方时，要提醒对方留意。在请对方开始行走时，要面向对方，稍微欠身。在行进中和对方交谈或答复提问时，把头部、上身转向对方。

（2）出入房门时的行姿礼仪。先通报。在进入房门前，要轻轻叩门或按铃，向房内的人进行通报。

以手开关。务必要用手来开门或关门，最好是反手关门、反手开门，并且始终面向对方。后入后出。出于礼貌，大堂经理应当请对方先进门、先出门，必要时，还应替对方拉门或是推门。在拉门或推门后要使自己处于门后或门边，以方便别人的进出。

3．不良行姿忌讳。

（1）行走过程中切忌摇头晃脑或左顾右盼。

（2）切忌行走速度过快或者过慢。

（3）走交叉步时，避免身体摆动幅度过大。

（4）行进中身体重心太过前倾，或太过后"坐"。

（5）将双手插在衣裤口袋里或背着手行走。

（6）内八字或外八字。

（7）双手贴着裤缝走路。

## （四）手势礼仪

手就是人的第二双眼睛。手势表现的含义非常丰富，表达的感情也非常微妙复杂。在客户服务过程中，应恰当文明地运用手势，为行业形象增添光彩。

1．常用手势礼仪

（1）横摆式：常用于迎接来宾做"请进"、"请"时。

（2）直臂式：常用于给宾客指方向时或做"请往前走"手势时。

（3）斜臂式（斜摆式）：常用于请来宾入座做"请坐"手势时。

（4）曲臂式：常用于一只手拿东西，同时又要做出"请"或指示方向时。

（5）双臂横摆式：常用于接待较多来宾做"诸位请"或指示方向的手势时。

（6）递接物品时的手势礼仪为：

递送物品时，双手为宜。应直接交到对方手中并便于对方接取。若为带有文字的物品，还须使之正面朝向对方。若将带尖、刃或其他易伤人的物品递于他人时，切勿将尖、刃直接指向对方，应当朝向自己或是朝向他处。

接取物品时，应当目视对方，而不要只顾注视物品。要用双手或右手接取对方递出的物品，切勿直接从对方手中抢取物品。

（7）用手势介绍某人、某物或某个方向时，应当掌心向上，四指并拢，大拇指张开，以肘关节为轴，前臂自然上抬伸直。指示方向时，上体稍向前倾，面带微笑，视线始终随手指的方向移动，并兼顾对方是否意会。

（8）用手势与人打招呼、致意、欢迎、告别时，要注意将手尽量伸开，要根据场景控制手势力度的大小、速度的快慢与时间的长短。

（9）借助手势谈论自己时，可将手掌轻轻按在自己的左胸，以示端庄、大方、可信。

2．手势的禁忌事项主要有易引起误解的手势、不卫生的手势、不稳重的手势、失敬于人的手势等。

### （五）鞠躬礼仪

鞠躬礼是对别人表示恭敬的一种礼节，主要表达"弯身行礼，以示恭敬"的意思。

1．行鞠躬礼时，应该面对客人，目视对方，立定站好，伸直腰；男士双手贴裤线放在体侧；女士双手在体前下端轻搭在一起；脚跟靠拢、双脚尖处微微分开。鞠躬过程中，将伸直的腰背由腰开始的上身向前弯曲，弯腰速度适中，之后抬头直腰，抬起慢于下弯。同时，视线移动顺序为对方眼睛—对方脚—对方眼睛。

2．应先说问候语再鞠躬（说话和鞠躬不可同时进行）。

3．向迎面碰上长辈或尊贵客人行鞠躬礼，则应在鞠躬之后，向右边跨出一步，给对方让开路。

4．受鞠躬应还以鞠躬礼。

5．不能边走边鞠躬，不能叉着双脚或手放在兜里就鞠躬。

## （六）蹲姿礼仪

大堂经理在拿取低处的物品或拾起落在地上的东西时，可使用蹲姿。下蹲时，应自然、得体、大方，不遮遮掩掩。女士无论采用哪种蹲姿，都要将腿靠紧，身体自然下蹲。

1．常用的蹲姿礼仪。

（1）高低式蹲姿，下蹲时，双腿不并排在一起，而是左脚在前，右脚稍后。左脚应完全着地，小腿基本上垂直于地面；右脚则应脚掌着地，脚跟提起。此刻右膝低于左膝，右膝内侧可靠于左小腿的内侧，形成左膝高右膝低的姿态，基本上用右腿支撑身体。

（2）交叉式蹲姿，通常适用于女性，尤其是穿短裙的人员，它的特点是造型优美典雅。基本特征是蹲下后两腿交叉在一起。下蹲时，右脚在前，左脚在后，右小腿垂直于地面，全脚着地右腿在上，左腿在下，二者交叉重叠；左膝由后下方伸向右侧，左脚跟抬起，并且脚掌着地；两脚前后靠近，合力支撑身体；上身略向前倾。

（3）半蹲式蹲姿，一般是在行走时临时采用。基本特征是身体半立半蹲。在下蹲时，上身稍许弯下，但不要和下肢构成直角或锐角；臀部务必向下；双膝略为弯曲，角度一般为钝角；身体的重心应放在一条腿上；两腿之间不要分开过大。

（4）半跪式蹲姿，又叫作单跪式蹲姿，多用在下蹲时间较长，或为了用力方便时。双腿一蹲一跪，即一腿单膝点地，臀部坐在脚跟上，以脚尖着地；另外一条腿，应当全脚着地，小腿垂直于地面。双膝应同时向外，双腿应尽力靠拢。

2．蹲姿主要注意事项有：不要突然下蹲；不要离人太近；不要方位失当；不要蹲在凳子或椅子上；切忌两腿叉开，两腿展开平衡下蹲，以及下蹲时，露出内衣裤等不雅的动作。

# 第三节　大堂经理的沟通礼仪

银行大堂经理应遵守沟通礼仪规范，并重点做好迎宾礼仪规范、语言沟通礼仪规范、握手礼仪规范、名片礼仪规范、致意礼仪规范、道歉礼仪规范、致谢礼仪规范、送客礼仪规范、电话礼仪规范、短信（微信）礼仪规范等。

## 一、迎宾礼仪

大堂经理应按照仪容仪态礼仪要求，站立于营业大厅入口处，笑容可掬地迎接客户，亲切地问候"您好！欢迎光临！"并询问客户的需求，做好引导分流工作。

## 二、语言沟通礼仪

客户进入营业厅时，大堂经理要礼貌接待，做到"三声"服务——来有迎声，问有答声，走有送声。服务用语和礼貌称谓的使用要自然、亲切。银行服务用语规范有如下几点：

### （一）称呼规范

在任何情况下，大堂经理必须对服务对象采用恰当的称呼。

1．单个客人称呼法。要有所分别，因人而异。对男客户可称"先生"；对未婚女客户可称"小姐"，如不知道客户是已婚还是未婚，可称"女士"，切勿称为"夫人"；对少年儿童可以称"小弟弟"、"小妹妹"、"小朋友"；对于长辈可称呼亲属称谓，如"叔叔"、"阿姨"、"奶奶"等。

知道客人的姓氏后，要在职衔、学衔、泛尊称、亲属称谓前冠以姓氏，表示对客户的尊重，如"王经理"、"马奶奶"。对有职衔的要称其职衔，可称"校长先生"；对有学衔的要称其学衔，可称"何博士"。

2．群体客人称呼法。面对不同身份、不同职业、不同年龄的客人，大堂经理切勿只对其中的几位有所青睐，而对另外的几位有所疏忽，要全部照顾到，做到"面面俱到"；不能让客人感到厚此薄彼，而应"一视同仁"。

3．称呼禁忌。

（1）使用错误的称呼。主要在于粗心大意、用心不专等导致的读错姓名或错误判断。

（2）使用过时的称呼。

（3）使用不通行的称呼。如"师傅"、"伙计"、"小鬼"等。

（4）使用庸俗低级的称呼。如"哥们儿"、"姐们儿"、"死党"等。

（5）用绰号作为称呼。

## （二）语音规范

1．语音标准。大堂经理与境内客户首次交谈要用普通话。讲普通话时，要注意阴平、阳平、上声、去声四种基本声调的区别。不能念错字和白字。口齿要清楚、伶俐，不能含糊不清。

2．语调适中。在与客户沟通时，声音不过高也不过低，应当使对方既可以听得清楚，又感觉舒适悦耳为宜，使客户感到谦逊、尊敬、文雅。

3．语速自然。在与客户沟通时，语速不过快也不过慢。必须注意保持适当而自然的语速，语速过慢或过快，都有可能破坏交谈的氛围。通常每分钟讲60个字至80个字为宜。

4．语气亲切。与客户沟通时，要对客户流露出和蔼可亲的感情色彩，力求做到诚恳、亲切、自然，让客人听在耳中，暖在心里，能够拉近与客户之间的感情距离。避免急躁、生硬和怠慢的语气。

## （三）内容规范

在与客户进行语言沟通时，要做到礼貌、准确、简练、恰当、委婉、机动灵活等。

一般不要涉及疾病、死亡等事情。一般不询问妇女的年龄、婚否，不径直询问对方履历、工资收入、家庭财产、衣饰价格等私人生活方面的问题。与妇女谈话不说对方长得胖、身体壮、保养得好之类的话。对方不愿回答的问题不要追问，对方反感的问题应表示歉意，或立即转移话题。一般谈话不批评人。不讥笑、讽刺他人，也不要随便议论宗教问题等。

## （四）常用服务用语

1．问候语：您好，欢迎光临/早上好/下午好/晚上好；

2．祝愿语：祝您快乐/祝您××节快乐；

3．征询语：请问您办理什么业务？/请问您是用卡还是用折？/有什么需要吗？/有什么可以帮到您？/我可以帮忙吗？/请问需要办理什么业务？/我的解释您满意吗？

4．答应语：好的/是的/马上就好/很高兴能为您服务/这是我们应该做的/不要紧/没有关系；

5．道歉语：请您谅解/这是我们工作的疏忽；

6．答谢语：谢谢您的夸奖/谢谢您的建议/多谢您的合作；

7．指路语：请这边走/请往左（右）边拐/请您先取号（手势）/请您先填单（手势）/请您到休息区等候，注意不要过号（手势）/请您到××窗口办理（手势）；

8．送别语：再见，欢迎再次光临！/再见，祝您周末愉快！

## 三、握手礼仪

握手礼通常是用来表示欢迎、欢送、见面、相会、告辞、祝贺、感谢、慰问、和好、合作等使用的礼节。

### （一）握手的顺序

与多人握手时要讲究先后次序：先年长者后年幼者，先长辈再晚辈，先女士后男士，先上级后下级。

如果人数较多，可以只跟相近的几个人握手，向其他人点头示意，或微微鞠躬就行。

### （二）握手的方法

上身微微前倾，两足立正，伸出右手，彼此之间保持一步左右的距离，握着对方的手掌，上下晃动两到三下（握手的时间3～5秒为宜），并且适当用力，左手贴着大腿外侧自然下垂。

### （三）握手禁忌

1．不要用左手相握，尤其是和阿拉伯人、印度人打交道时要牢记，因为在他们看来左手是不干净的。

2．在和基督教信徒交往时，要避免握手时与另外两人相握的手臂形成交叉状，这种形状类似十字架，在他们眼里握手、干杯、祝酒等都忌讳出现十字。

3．不要在握手时戴着手套、墨镜、帽子，只有女士在社交场合戴着薄纱手套握手，才是被允许的。

4．不要在握手时另外一只手插在衣袋里或拿着东西。

5．不要在握手时面无表情、不置一词或长篇大论、点头哈腰，过分客套。

6．不要在握手时仅仅握住对方的手指尖。正确的做法，是握住整个手掌。即使对异性也应这样。

7．不要在握手时把对方的手拉过来、推过去，或者上下左右抖不停。

8．忌讳与异性握手时用双手。

9．在任何情况下，最好都不要拒绝与别人握手，否则是失身份的。即使有手疾或汗湿、弄脏了，也要和对方说一下"对不起，我的手现在不方便"，以免造成不必要的误会。

# 四、名片礼仪

## （一）发送名片

1．发送名片的时机。

（1）希望认识对方。

（2）被介绍给对方。

（3）对方向自己索要名片。

（4）对方提议交换名片。

（5）打算获得对方的名片。

2．发送名片的方法。

（1）递名片时应站立并走上前去，使用双方或者右手将名片正面对着对方，递给对方。不要以手指夹着名片递送。

（2）若对方是外宾，最好将名片印有英文的那一面对着对方。

（3）将名片递给他人时，应说"多多关照"、"常联系"等语话，或是先作一下自我介绍。

（4）与多人交换名片时，应讲究先后次序。

## （二）接受名片

1．应起身站立，面含微笑，目视对方。

2．应双手捧接，或以右手接过。不要只用左手接过。

3．接过名片后，要从头至尾把名片默读一遍，意在表示重视对方。

4．应使用谦词敬语，如"请多关照"。

## （三）索要名片

1．向对方提议交换名片。

2．主动递上本人名片。

3．委婉地索要名片。

（1）向尊长索取名片，可以这样说："今后如何向您请教？"

（2）向平辈或晚辈索要名片，可以这样说："以后怎样与您联系？"

4．当他人索取本人名片，而自己又不想给对方时，应用委婉的方法表达此意。可以说"对不起，我忘了带名片。"或者"抱歉，我的名片用完了。"

### （四）存放名片

1．应随时随身携带名片，且最好放在专用的名片包、名片夹里。大堂经理台及抽屉里，也应备有充足的名片，以便随时使用。

2．接过他人的名片看过之后，应将其精心存放在自己的名片包、名片夹或上衣口袋内。

3．应及时把所收到的名片加以分类整理收藏，以便今后使用方便。

## 五、致意礼仪

致意是一种用非语言方式表示问候的礼节，它表示问候、尊敬之意。致意的礼节要求是，晚辈向长辈、下级向上级、主人向客人、男性向女性致意。

致意常见方式有微笑致意、点头致意（也称颔首礼）、挥手致意、欠身致意、起立致意。

## 六、道歉礼仪

真心实意地道歉，才会被原谅，才能真正体现出自己的风度和风范。

1．道歉语应当文明而规范。有愧对别人的地方，就应该说："深感歉疚"、"非常惭愧"。渴望别人的原谅，就可以说"多多包涵"、"请您原谅"。有劳别人，可以说"打扰了"、"麻烦了"。一般的场合，也可以讲"对不起"、"很抱歉"、"失礼了"。

2．道歉应当及时。知道自己错了，马上就要说"对不起"，否则越拖得久，就越会让人家"窝火"，越容易使人误解，而且你也越不好开口。

3．道歉应当大方。道歉绝非耻辱，应当大大方方，堂堂正正。也不要过分贬低自己。

## 七、致谢礼仪

致谢礼仪是情感付出的一种表现形式，包括口头致谢和书面致谢。致谢的语言、电话、信件、便条、卡片和邮件都会因真心表达的真情而充满生命力，也延续了交往情感。

## 八、送客礼仪

送客是接待工作的结束曲、压轴戏。真正有经验的大堂经理总是更加重视送客的礼仪，所谓"出迎三步，身送七步"，有始有终才是真正的送客之道。送客时一定要注意身体语言，微笑与细致的关照都会在无形中增进双方的好感，为将来的合作打下良好的基础。

# 九、电话礼仪

## （一）拨打电话礼仪

打电话之前，应确定电话交谈的内容，如果内容较多，应事先打个腹稿，力求表达清楚、简练。拨打电话要注意以下几点：

1．时间要求。

（1）确定合适的时间。为确保通话效果，按照惯例，通话时间原则有两点：一是双方先预约、定通话时间。二是客户便利的时间。如果是利用电话谈公事，尽量在客户上班十分钟以后或下班十分钟以前拨打。因公务拨打电话时，尽量不要占用对方的私人时间。另外，要有意识地避开对方通话的高峰时段、业务繁忙时段、生理厌倦时段等。

（2）控制通话时长。一般情况下，每次通话时间应有意识地加以控制，以短为佳。有一条通话"三分钟原则"，意思是：在打电话时，发话人应当自觉地、有意识地将每次通话的长度，限定在三分钟之内，尽量不要超过这一时限。

（3）始终体谅客户。不论拨听双方关系如何、熟识到哪种程度，在通话开始后，除了自觉控制通话长度外，就是要注意受话人的反应，做到将心比心、换位思考，对于自己的不恰当打扰、通话时间超长等征得受话人的体谅。

2．内容要求。在通话中，要长话短说还要把主要问题表达清楚，必须在内容上下工夫。每次通话之前，发话人应该做好充分准备。在通话时，务必求真务实，不求虚假客套。问候完毕，即开宗明义，直入主题，并时刻注意谦恭礼貌。

3．语言要求。拨打电话时，主要用到介绍语、问候语、询问语、应答语、感谢语及其他日常交流用语。对于大堂经理而言，礼貌规范的通话可以使客户感受到银行的制度和规范，使客户对银行产生好感或信任，从而达到吸引客户、提升业务的目标。

打电话时首先应使用问候语，比如"您好"，在对话的开头应先表明自己的身份。随后用到的是询问语，"您好，您现在方便回答我们的问题吗？"或者"您好，您现在有时间吗？"征得客户允许之后，再开始进入话题，先说明来意，提出问题，之后说明自己提供的解决建议，在客户了解了问题之后，耐心地听取客户意见。并细心地与客户进行沟通。要尊重客户发言权，允许客户完整发表自己的意见。

4．态度要求。大堂经理在通话时，除要礼貌用语外，态度也要随和，不可率性而为。电话若需要总机接转，勿忘对总机的接线员（也称话务员）问候一声，并且还要加上"谢谢"。另外，"请"、"麻烦"、"劳驾"之类的词，应随时使用。碰上要找的人不在，需要接听电话之人代找，或代为转告、留言时，态度同样

要文明有礼，乃至要更加客气。通话时若电话忽然中断，按礼仪需由发话人立即再拨，并说明通话中断系线路故障所致。切不可不了了之，或等受话人一方打来电话。

5．举止要求。大堂经理在拨打电话时，举止表现应严格要求，最好双手持握话筒，并起身站立。不要把话筒夹在脖子下，抱着电话机来回徘徊，或是趴着、坐在桌角上等与人通话；不要边说边吃等。

## （二）接电话礼仪

电话铃一旦响起，应立即停止手头上的工作，在电话铃响三声以内接听电话。因特殊原因未能及时接听电话时，须在通话之初就向发话人表示歉意。如"对不起！刚才较忙，让您久等了"。

1．谦和应对。接电话时，应自报家门和礼貌问好，如"您好！这里是……银行"等。当对方问好后，应立即问候对方。

2．耐心接听。在通话时，要聚精会神、谦恭友好，不要心不在焉。若有急事，可先说明。

3．礼貌挂机。当通话终止时，应礼貌道别并待对方挂机后再挂机。

## （三）打手机礼仪

1．在日常业务往来时，在有客户公司固定电话号码时，应先拨打固定电话，需要时再拨手机。

2．在嘈杂环境中，听不清楚对方声音时要说明，并让对方过一会儿再打过来，或给对方打过去。

3．在公共场合打手机，说话声不要太大，以免影响他人，或泄露公务与机密。

4．给客户打电话前，应调整好自己的思路。

5．接听客户电话时，应尽快集中精力，放下手头正在做的事情，以便清晰地处理电话带来的信息或商务，以下几点可以参考和借鉴：

（1）随时记录。在手边放有纸和铅笔，随时记下你所听到的信息。

（2）自报家门。一拿起电话就应清晰地说出自己的姓名或所在单位的名称。同样，一旦对方说出其姓名，你可以在谈话中不时地礼貌称呼对方。

（3）转入正题。当接听电话时，礼貌问候后应直接切入主题，如"您需要我做什么？"或"请问我能帮到您吗？"应尽量采取委婉措施，防止谈论不必要的琐事。

## 十、短信（微信）礼仪

1．发短信一定要署名。短信署名既是尊重对方，也是实现目的的必要手段。

2．祝福短信（微信），来往要恰当。接到对方短信（微信）回复后，一般就不要再发致谢之类的短信，避免无谓的循环往复。

3．重要电话，可先短信（微信）预约。有时要给身份高或VIP客户打电话，可先发短信（微信）"有事找，是否方便给您打电话?"如果对方没有回短信（微信），一定是不方便，可以找时间再联系。

4．上班时间不要没完没了发短信（微信），避免打扰对方，引起对方不悦。

5．发短信（微信）不能太晚。一般不要超过晚上10点。

6．提醒对方，最好用短信（微信）。短信（微信）会让对方感觉更亲切。短信（微信）提醒时语气应当委婉，不可生硬。

# 第九章

## 银行大堂经理
## 职业规划

　　银行大堂经理已演变成为服务客户的重要岗位，因此对这一岗位的任职资格、岗位配置都有了比较高的要求。同时，为激发大堂经理服务客户的积极性，提升大堂经理的专业水平，可将大堂经理分为高级大堂经理（或首席大堂经理）、大堂经理、大堂助理三级。根据大堂经理的自身专业水平和素质的提升，大堂经理可以通过序列内纵向发展和序列间横向发展两种渠道实现职业发展。

# 第一节　银行大堂经理岗位职级管理

根据金融专业水平和从业年限，大堂经理岗位可从高到低分为高级大堂经理（或首席大堂经理）、大堂经理、大堂助理三级。

## 一、基本规定

大堂经理行员等级可由高到低分高级大堂经理（或首席大堂经理）、大堂经理、大堂助理三个等级。银行可对大堂经理序列级别进行具体规定。按照大堂经理承担管理职责的不同，适用不同的等级管理办法。

## 二、评定考核

大堂经理实行岗位资格准入制度。资格准入须符合下列条件之一。

（1）通过二级分行以上机构组织的大堂经理资格考试，成绩合格。

（2）通过中国银行业从业人员资格认证考试。

在具备上述资格准入条件外，各职级还须具备以下相应条件：

1．大堂助理。

（1）掌握基础的经济、金融知识。

（2）具备一定的业务开拓能力、调查分析能力和公关协调能力。

（3）具备一定的市场营销经验。

（4）具备一定的客户服务和管理能力。

（5）具有相应的初级专业技术职称或初级客户经理任职资格。

（6）大专以上学历或具有2年以上金融专业工作经验。

2．大堂经理。

（1）具有较为丰富的经济、金融、管理知识，熟悉本行基本金融产品，基础服务知识、基本制度政策规定、业务流程及基本营销策略。

（2）具有较强的业务市场开拓和客户开发能力，能够正确处理与客户之间的关系。

（3）有较强的市场营销经验，能够组织开展营销推广活动。

（4）具有相应的中级专业技术职称或初级客户经理任职资格。

（5）本科以上学历或具有3年以上金融业务工作经验。

3．高级大堂经理。

（1）具有丰富的经济、金融、管理知识。

（2）具有较强的市场开拓能力和组织协调能力，善于处理与客户的关系。

（3）具有丰富的市场营销经验，能够策划和组织开展各种形式的营销推广活动。

（4）具有良好的语言和书面表达能力，较强的调查研究和分析能力，较强的独立工作能力。

（5）本科以上学历或具有5年以上金融业务工作经验。

获得中国银行业协会评选的"中国银行业文明规范服务明星大堂经理"称号的可优先考虑。

## 三、评定考核实施及结果运用

大堂经理考核定级每年评定一次，评定结果有效期为一年。银行可根据自身情况自行制定考核评定办法。

## 四、违规处罚

考核过程中发现下列情形之一的，一律取消大堂经理上岗资格。

1．严重违反行规、行纪的；

2．通过不正当手段获得业绩的；

3．因工作失职，造成客户流失的；

4．不服从工作安排，自行其是的；

5．恶性竞争损害本行利益、贬损同业形象的；

6．服务质量差造成重大客户投诉，性质严重的；

7．工作态度消极，效率低下，无进取心，职业水准低下的。

# 第二节　银行大堂经理的绩效评价原则

合理开展绩效评价，将有效激励大堂经理岗位人员，银行可根据实际情况具体把握绩效评价标准。

## 一、科学配置

合理确定产品绩效工资含量，合理配置费用资源，使大堂经理的劳动力价格和薪酬分配标准在行内具有吸引力，在同业具有一定优势。

## 二、综合考核

考核采用定量和定性相结合，指标设计突出大堂经理厅堂服务职能。

## 三、客观公正

科学合理地制定考核内容、考核方法和薪酬分配办法，真实全面地评价大堂经理的工作业绩。

## 四、公开透明

在保守商业秘密和个人隐私的前提下，对考核内容、考核方法、目标任务、产品价格、薪酬分配办法进行公开。

# 第三节　银行大堂经理的晋升通道

大堂经理晋升发展以岗位职级体系为平台，以任职资格标准为基础，以年度绩效考核结果为主要依据，分为序列内纵向发展和序列间横向发展。序列内纵向发展分为工资档次晋升、工资等级晋升和岗位层级晋升；序列间横向发展为不同岗位序列之间的晋升发展。

## 一、大堂经理职业发展遵循的基本原则

### （一）以人为本，团结共赢

员工是事业发展的资本，在强调提升竞争力、实现战略目标的同时，以人为本，注重员工价值实现，将最终实现团队与员工"共发展、同进步"的双赢目标。

### （二）多向发展，相互贯通

根据管理需要及大堂经理职业发展特点，构建多种职业发展通道；引导大堂经理结合个人职业发展与组织发展目标，不断校准个人职业发展目标，做好职业发展规划，实现又好又快发展。

### （三）绩效导向，注重能力

在大堂经理职业发展中要强调绩效管理，注重业绩贡献、能力

与岗位的匹配，建立激励有效、约束有力的管理机制，形成"能者上、平者让、庸者下"的职业发展氛围，调动员工不断学习知识、提升能力、创造业绩的积极性。

### （四）公平竞争，择优选聘

构建"公开、公平、公正"和"竞争、择优"的选人用人机制，鼓励符合条件的员工积极参加大堂经理岗位竞争，同时大堂经理也可参加多层次的职位晋升竞聘，实现优中选优，不断提高人力资源配置效率。

## 二、拓宽职业生涯通道

管辖行定期和不定期根据业绩与特殊贡献情况进行调整，实现由单一的行政职务体系管理向多序列的岗位职级体系管理的转变，建立大堂经理"纵向可进退、横向可交流"的职业发展新机制。通过建立多通道职业发展路径，实行多种员工职业发展方式，大堂经理可以随着管理职责的扩大而晋升岗位等级和管理职务，也可以随着业务能力的提高而晋升大堂岗位层级。对理财经理或营销经理工作有更大兴趣和热情的大堂经理，可通过理财策划业务、客户关系维护技巧等方面培训及专业资格考试，成为理财经理或营销经理，更好地发挥自己的特长和优势；对具有管理才能的大堂经理，可晋升为管理人员，如本单位副行长、网点副职级或部室负责人等。

### 三、突出贡献及时激励

在工作中作出了突出贡献，例如，解决了事关全行的重大疑难问题；避免了重大系统性声誉风险；获评中国银行业文明规范服务明星大堂经理或省市区明星大堂经理（或服务明星等），为本行赢得了重大荣誉等。对于这样的大堂经理应及时激励。

# 附　录

# 中国银行业文明规范服务工作指引（试行）

## 总　则

第一条　为规范银行业文明规范服务工作管理，全面提升银行业服务水平，树立银行业良好社会形象，根据《中国银行业自律公约》、《中国银行业文明服务公约》、《银行业从业人员职业操守》等行规行约，特制定本指引。

第二条　本指引所指中国银行业文明规范服务（以下简称文明规范服务）是指：会员单位在机构设置、人员配备、服务产品、业务操作与管理流程等方面，为满足客户需求而进行的服务实践活动，最终体现为服务创造价值，服务实现效益，服务提升竞争力，实现银行与客户双赢。

第三条　本指引适用于中国银行业协会会员单位和准会员单位。

## 第一章　指导思想和目标要求

第四条　文明规范服务的指导思想是：树立服务创造价值理念，承担社会责任，践行职业操守，加强诚信建设，创建合规文化，全面提升银行业整体服务质量、服务水平和盈利能力，实现经济效益和社会效益的共同提高，为构建和谐社会作出贡献。

第五条　文明规范服务总体工作目标是：以倡导行业文明为核心，以规范行业服务标准为导向，以建立科学服务管理流程为重点，以不断满足客户日益增长的服务需求为目的，建设一流的服务团队，培育一流的服务文化，打造一流的服务品牌，展示一流的行业形象。

## 第二章 组织领导

第六条 各会员单位和准会员单位应切实加强文明规范服务工作组织领导，整合服务资源，理顺工作关系，加强协调配合，发挥职能作用和整体合力，共同推动文明规范服务工作的开展。

第七条 中国银行业协会负责引领中国银行业文明规范服务工作；自律工作委员会负责文明规范服务工作的组织协调、规范管理、检查监督、竞赛评优、宣传规划、培训统筹等工作；自律委员会办公室负责日常管理工作。

第八条 各会员单位负责本单位文明规范服务组织管理工作。

（一）制定本单位文明规范服务工作总体规划、管理制度，并根据市场需求进行调整和完善，组织开展检查监督，总结推广先进典型经验，搞好服务培训和宣传工作，保证各项服务管理措施的落实。

（二）分层次设立单位内专门服务管理职能部门，合理配备专职工作人员，明确工作职责，保证服务管理工作延伸到各经营机构。

（三）会员单位辖属各经营机构是文明规范服务前沿，各经营机构主要负责人负有文明规范服务领导、组织、管理责任，要保证上级各项服务管理措施在本经营机构各个服务环节落实到位，顺利实施。

第九条 准会员单位负责本地区文明规范服务的组织协调、规

范管理、检查监督、竞赛评优、宣传和培训的组织推动工作，配合中国银行业协会组织开展文明规范服务各项活动。

## 第三章  资源配置

第十条  各会员单位应合理布局经营机构和服务网点，构建多层次、多功能的便民服务网络体系，根据客户需求再造服务流程，打造高品质服务平台，为客户提供全方位、多元化的服务，满足不同客户服务需求。

（一）倡导经营机构实行分区服务，推行差异化服务，实现功能分区、业务分层、客户分流。

（二）建立健全网上银行、电话银行、自助银行等电子化服务体系，并保持服务渠道畅通、便捷和安全。

（三）增加自助服务设备的投入，延伸服务空间，最大限度分流客户，缓解柜台服务压力；加强自助设备管理，确保正常运行，并在规定位置张贴使用说明、风险提示，设置服务专线电话。

第十一条  经营机构应科学、合理设置柜台服务窗口；出现客户集中排队、等候时，应及时增设弹性柜台服务窗口。

第十二条  经营机构内部应配置一定数量必配或选配服务设施，如机具类、宣传类、业务类、便民类和安全保障类等，合理摆放，及时维护，正常使用，并在本单位内力求统一。

第十三条  建立适应客户和市场需要的服务岗位人力资源管理机制，优化服务岗位人力资源配置，合理、足额配备窗口服务人员，满足柜台窗口服务需要。

第十四条 经营机构必须规范大堂经理的配备和管理。合理配备有责任心、熟悉业务、协调能力强、服务经验丰富的大堂经理或引导员，及时识别、引导、分流客户，受理客户咨询，开展业务宣传，引导客户使用自助设备。

第十五条 建立科学合理用人和考核激励机制，增强窗口服务人员的归宿感。银行机构应不断改善窗口服务人员待遇，维护其合法权益；强化窗口服务人员服务指标的考核，激发其服务工作潜能；努力建立稳定、和谐的服务团队。

第十六条 整合培训资源，建立完善培训体系。通过多渠道、分层次、形式多样的培训，增强窗口服务人员职业操守和社会责任意识，提高窗口服务人员和服务管理人员的专业素质和管理水平。

第十七条 整合宣传资源，加强与新闻媒体的沟通与协作，加大银行业服务宣传工作力度，增强社会公信力。加强对舆论宣传的正面引导，增进社会公众对银行业的了解和认知；宣传文明规范服务示范单位和先进个人的典型事迹，培育行业服务品牌；有计划地组织各项服务主题宣传活动，营造和谐氛围，展示行业形象。

## 第四章 服务规范

第十八条 各会员单位应依据法律法规和行规行约，制定、完善各项服务管理制度和质量标准体系，规范服务行为和工作流程，强化自律约束，提升整体服务水平。

第十九条 规范服务环境。经营机构服务环境应做到分区合理，设施齐全，美观舒适，干净整洁，标识清晰，业务宣传到位，

公告、提示准确，服务承诺和收费标准公开、明确。

第二十条　规范服务礼仪。服务岗位人员应按照规范礼仪标准为客户提供服务，仪容、仪表得体大方，服务语言热情、亲切、灵活，使用恰当；迎、送客户态度和蔼，让客户满意。

第二十一条　规范服务行为。服务岗位人员应认真践行职业操守，按照岗位规范要求办理业务，做到准确、安全、快捷。

第二十二条　规范服务技能。服务岗位人员应熟悉各项服务规程，全面掌握业务操作技能，熟练操作有关机具设备；努力学业务、练技能，提高服务综合素质。

第二十三条　规范业务操作。服务岗位人员应自觉维护各项服务管理制度严肃性，严格按照操作规程办理业务，全面控制操作风险。

第二十四条　规范档案管理。经营机构应及时收集、整理各类服务管理制度、规范标准、考核办法、培训宣传、竞赛评优、奖励和处罚记录等文字、数据、影像资料，分类归档，规范管理，有效利用。

第二十五条　倡导经营机构设立绿色服务通道，为特殊客户群体提供必要的便民服务场所和安全保障设施；特殊岗位根据业务需要应掌握特殊服务技能，逐步实现无障碍服务。

第二十六条　经营机构应建立客户服务应急处理机制，健全完善应急处理预案。出现服务突发事件迅速启动紧急处理程序，快速妥善处理，及时恢复正常的营业秩序，维护良好社会形象。

第二十七条　经营机构应做好反假币的宣传工作，培养客户识别假币的能力。柜台外必须配备有效的验钞设备，方便客户验钞；处理假钞时要遵守有关规定，耐心、细致地做好解释工作。

第二十八条　会员单位及辖属经营机构应重视服务创新工作。根据市场和客户需求，创新服务内容、服务形式和服务手段，为客户提供全方位服务；拓宽服务渠道和空间，提高服务层次；创新管理方式，逐步延伸和扩大服务管理范围；在防范操作风险前提下，科学、合理进行业务操作系统升级和服务流程再造，简化业务办理程序，不断提高服务效率。

第二十九条　积极参与文明规范服务竞赛活动，树立先进典型，培育行业服务品牌，以点带面推动银行业服务工作开展。

## 第五章　检查监督

第三十条　会员单位应结合各自实际，建立科学、合理的服务工作综合评价体系，制定具体的检查、评价、考核、奖励、处罚办法并与绩效工资、评优评先、奖励晋升挂钩。

第三十一条　各会员单位和准会员单位应加强对经营机构服务工作的检查和监督。通过内部检查、社会监督或中介机构等多渠道、多形式开展检查工作，定期或不定期对经营机构服务情况和服务质量进行检查；检查中发现的问题应及时向被检查单位进行反馈，提出整改要求，责成限期整改，并对整改结果一跟到底。

第三十二条　建立投诉受理工作机制。制定投诉受理流程，明确职责，专人负责，妥善处理，及时反馈。

第三十三条　建立与新闻媒体的沟通与交流机制。加强联络与沟通，掌控媒体关注的银行业有关服务信息，积极正面引导媒体关注热点，发挥舆论监督作用。推行新闻发言人制度。对突发事件快

速反应，第一时间作出正面回应。

　　第三十四条　推行社会监督员制度。会员单位应有计划、分层次聘请社会监督员，并加强管理，充分发挥其社会监督作用。

　　第三十五条　建立服务评价制度。各会员单位和准会员单位应结合内部服务评价和客户满意度调查结果，形成服务质量分析报告，对行业、系统服务状况进行综合客观评价，为制定银行业服务工作规划提供决策参考。

　　第三十六条　银行业自律组织应制定银行业服务自律惩戒措施，对其会员单位违反本指引行为，在查证核实的基础上，进行必要的自律惩。

## 第六章　附　则

　　第三十七条　会员单位、准会员单位可依据本指引制定实施细则，并组织落实。

　　第三十八条　本指引由中国银行业协会自律工作委员会负责解释和修改。

　　第三十九条　本指引经中国银行业协会常务理事会审议通过后实施。

# 中国银行业营业网点大堂经理服务规范

## 第一章 总 则

第一条 为促进中国银行业营业网点服务水平的提高，根据《中国银行业文明服务公约》、《中国银行业文明服务公约实施细则》、《中国银行业文明规范服务工作指引》、《中国银行业柜面服务规范》，制定本规范。

第二条 本规范旨在推动各会员单位及其辖属网点采取有效措施加强营业网点大堂服务规范化管理，提高大堂服务水平。

第三条 本规范所称大堂经理是指在营业网点大厅内从事客户引导分流、业务指导咨询、秩序维护等职责的工作人员。

第四条 各会员单位及其相关各级管理者须为大堂经理履行职责提供必需的资源。

第五条 本规范适用于中国银行业协会会员单位。

## 第二章 大堂经理岗位任职要求

第六条 大堂经理基本素质主要包括：

（一）认同客户至上的服务理念，具有较强的服务意识。

（二）正直诚信，客观公正，遵纪守法。

（三）有爱心，有亲和力，具有良好的沟通表达能力。

（四）仪表端庄，形象大方。

（五）有责任心，认真细致，爱岗敬业。

（六）具有一定的现场管理能力、观察能力和应变能力。

第七条　大堂经理技能要求主要包括：

（一）具有与大堂经理岗位相适应的专业资质。

（二）较好地掌握银行业务知识，熟悉本行业务流程和产品功能，并能熟练使用银行电子设备。

（三）普通话标准，有条件的网点尽可能配备具有英语表达能力的服务人员。

（四）具有一定的电脑操作技能。

## 第三章　大堂经理职业操守要求

第八条　大堂经理职业操守要求主要包括：

（一）具有风险防范意识。

（二）遵守保密纪律，不得私自保留客户资料，或将客户信息带离岗位或泄露给第三方。

（三）不得进行任何不诚实、欺骗、欺诈等有损银行信誉，误导客户的行为。

（四）不得口头或书面对同业的产品及服务进行不当的表述、评论。

（五）不得为客户办理任何交易业务。

## 第四章　大堂经理岗位职责

第九条　大堂经理岗位职责主要包括：

（一）根据客户的需求，指引客户到营业厅不同功能区域办理业务。

（二）受理客户咨询，及时解答客户疑问。

（三）指导客户填写单据，指导客户使用自助设备、网上银行。

（四）维持服务秩序，维护环境卫生。

（五）回复客户意见。

（六）处理客户投诉，无法处理的情况下，及时向上级报告。

（七）做好班前准备、班后整理工作。

第十条　网点营业期间，大堂经理应值守工作岗位，履行岗位职责。

## 第五章　营业前的服务

第十一条　大堂经理自查仪容仪表，并对网点其他员工的仪容仪表是否符合规定提出相关建议。

第十二条　对于已配备叫号系统的网点，应及时开启叫号机，检查设备运行是否正常。

第十三条　对凭证填写台等辅助服务区域进行检查，检查为客户提供的点钞机等辅助服务工具运行状况是否正常。

第十四条　检查宣传资料、相关业务凭证、意见簿等，是否摆放整齐，种类是否齐全、适时，及时更换过时的业务或宣传资料。

第十五条　巡视营业大厅及在行自助服务区的卫生状况，检查营业环境是否整洁美观，确保营业厅客户进出通道畅通。

第十六条　检查利率牌、外汇汇率牌、查询机等设备信息显示是否正常。

## 第六章　营业中的服务

第十七条　大堂经理与客户交流时，大堂经理须态度良好，言语简洁，语速平稳，努力保持微笑。对熟悉的客户应主动尊称其姓或职务，使客户有亲切感。

第十八条　当了解到客户业务需求后，大堂经理应按照服务礼仪规范，及时引导分流客户到相应功能区域办理业务。

第十九条　大堂经理应注意观察客户的需要，及时帮助有需求的客户。

第二十条　当客户咨询银行产品或服务时，大堂经理可简要进行介绍。当客户有需要时，大堂经理应迅速、礼貌地将客户推荐给有关专职人员接受咨询或办理业务。

第二十一条　大堂经理应加强在叫号机、自助服务区等区域的巡视，及时指导有疑惑的客户正确操作，对客户的不当操作予以及时提醒，帮助客户维护信息安全。

第二十二条　遇到客户投诉，应引导投诉客户到营业厅洽谈室或其他相对封闭区域，予以及时安抚，了解客户投诉原因。对于难以处理的投诉，应及时向上级报告。

处理客户投诉时，大堂经理应注意及时为客户送上茶水，做好相关服务，努力稳定客户情绪。

第二十三条　当营业厅客流量较大，出现严重排队，大堂经理应及时向上级汇报，根据网点统一安排，做好客户疏导。

第二十四条　应注意查阅客户意见簿上的意见和建议，及时回复。

第二十五条　积极维护客户等候秩序，对不遵守排队秩序的客户予以礼貌地提醒。

第二十六条　整理填单台面，及时清理客户废弃的凭条、申请书等单据。

第二十七条　巡视营业大厅卫生状况，及时维护营业环境，保持整洁美观。

第二十八条　大堂经理应注意为老人、孕妇、残障等特殊客户提供周到的服务，如有必要，需引导客户到优先服务窗口办理"。

第二十九条　遇到网点服务突发事件，按照中国银行业营业网点服务突发事件应急预案开展处理工作，并及时向上级汇报。

## 第七章　营业终的服务

第三十条　营业结束时，协助营业大厅内客户及时完成业务办理，做好清场工作。

第三十一条　关闭营业大厅内叫号机、点钞机、显示屏等夜间无须使用的电子设备。

第三十二条　整理环境卫生，及时补充各类单据凭条和宣传资料。

第三十三条　归纳总结客户意见簿和其他途径收集的客户意见，提出相关改进建议，传递反馈给网点有关部门。

第三十四条　整理维护营业厅各项设施设备，确保符合本单位营业厅服务环境管理要求。

## 第八章　附　则

第三十五条　各会员单位及其分支机构可在本规范指导下结合

实际制定本单位大堂经理服务工作实施细则。

　　第三十六条　本规范由中国银行业协会自律工作委员会负责解释和修改。

　　第三十七条　本规范由中国银行业协会自律工作委员会常务委员会审议通过后实施。

# 中国银行业营业网点服务突发事件应急处理工作指引

## 第一章 总 则

第一条 为维护社会和金融秩序的稳定，保护银行和客户的合法权益，预防或最大程度减轻营业网点服务突发事件（以下简称服务突发事件）带来的危害，根据《中华人民共和国商业银行法》、《中华人民共和国银行业监督管理法》、《中华人民共和国突发事件应对法》，以及《银行业突发事件应急预案》、《中国银行业文明规范服务工作指引》，制定本指引。

第二条 本指引所指服务突发事件是营业网点无法准确预测发生，与客户服务密切相关，影响营业网点正常营业秩序，需立即处置的事件。

第三条 本指引是指导解决影响营业网点持续提供正常金融服务突发事件的基本工作规范。各会员单位根据实际应做好服务突发事件应急处理与公共安全、案件事故、舆论引导、信息系统保障等应急预案的有效衔接。

第四条 服务突发事件种类

（一）营业网点挤兑；

（二）营业网点业务系统故障；

（三）抢劫客户财产；

（四）自然灾害；

（五）客户突发疾病；

（六）客户人身伤害；

（七）寻衅滋事；

（八）营业网点客流激增；

（九）不合理占用银行服务资源；

（十）重大失实信息传播；

（十一）其他影响营业网点正常服务的事件。

银行服务过程中所出现的客户不满、投诉以及业务纠纷不在本指引服务突发事件范畴之列。

第五条　服务突发事件应急处理原则

（一）处理服务突发事件，应坚持快速有效的原则；

（二）处理服务突发事件，应坚持及时报告的原则；

（三）处理服务突发事件，应坚持积极稳妥的原则；

（四）处理服务突发事件，应坚持保护客户和员工生命财产安全的原则；

（五）处理服务突发事件，应坚持系统内上下联动、系统外横向联动的原则；

（六）处理服务突发事件，应坚持保守银行和客户秘密的原则。

## 第二章　组织体系及职责

第六条　组织体系

各会员单位及辖属具有网点管辖权的分支机构，分层次设立服务突发事件应急处理工作领导机构，并按照内设机构职能设立相应的办事机构，明确职责分工。

各会员单位及辖属分支机构服务突发事件应急处理工作领导机

构、办事机构为常设机构（形式不限），并建立与监管机构、政府职能部门、中国银行业协会和地方银行业协会的联动机制。

各会员单位营业网点应根据实际情况组建服务突发事件应急处理团队，网点负责人为本机构服务突发事件应急处理的第一责任人。

中国银行业协会和各地方银行协会应对服务突发事件的处置进行引导、协调、督促，并做好行业内应急处理信息交流等服务工作。

第七条　工作职责

（一）服务突发事件应急处理工作领导机构的职责

1．制定应急处理工作领导机构成员部门工作职责；

2．审定符合本行实际的应急处理预案；

3．决定启动和终止应急处理预案；

4．统一指挥应急处理工作；

5．调配各类应急处理资源；

6．决定向系统内上级机构报告突发事件及其处理情况；

7．审定应急处理信息披露事项；

8．总结应急处理工作经验教训；

9．决定向监管机构、政府职能部门、银行业协会等系统外职能部门报告应急处理相关事项；

10．决策应急处理工作的其他重要事项。

（二）服务突发事件应急处理工作办事机构的职责

1．参照《中国银行业服务突发事件应急处理预案示范文本》，制订符合本行实际的应急处理预案；

2．有计划组织实施、督促检查应急处理预案的演练等预警工作；

3．接收辖属机构上报有关服务突发事件信息，提出服务突发事件级别判定意见；

4．组织实施应急处理预案；

5．指导督促营业网点应急处理预案的执行；

6．联系监管机构、政府职能部门、银行业协会等系统外职能部门协调处理服务突发事件，及时报送有关应急处理情况；

7．按权限对外披露相关信息；

8．收集、整理、保管应急处理档案资料；

9．完成应急处理工作领导机构交办的其他事项。

（三）营业网点应急处理团队的职责

1．制订并组织实施本单位应急处理预案；

2．及时向系统内上级机构上报有关应急处理信息；

3．根据实际情况，联系相关系统外职能部门协助处理服务突发事件；

4．落实应急处理预案的演练工作；

5．完成系统内上级机构交办的应急处理工作其他事项。

## 第三章　服务突发事件级别界定

第八条　级别划分

按事件产生或可能产生的危害程度、波及范围、涉及人数、可控性及影响程度、范围等，服务突发事件可划分为三个级别：

（一）特大服务突发事件（Ⅰ级）

指致使多个营业网点不能正常营业，影响银行正常服务的群体性服务突发事件。包括营业网点挤兑、多个营业网点受自然灾害破坏、多个营业网点业务系统故障等服务突发事件。

（二）重大服务突发事件（Ⅱ级）

指致使单个营业网点不能正常营业，影响银行正常服务，妨碍客户利益的群体性或个体性服务突发事件。包括单个营业网点受自然灾害破坏、单个营业网点业务系统故障、抢劫客户财产等服务突发事件。

（三）较大服务突发事件（Ⅲ级）

指扰乱单个营业网点正常经营秩序，影响银行正常服务的个体性服务突发事件。包括客户在营业网点突发疾病、遭受人身伤害、寻衅滋事、客流激增、不合理占用银行服务资源、重大失实信息传播及其他服务突发事件。

第九条　各会员单位及辖属分支机构服务突发事件应急处理工作办事机构应密切监控服务突发事件处理过程和形势发展，当服务突发事件事态激化或缓解时，可相应按升级或降级后的级别处理。

## 第四章　应急处理

第十条　服务突发事件发生后，事发营业网点主要负责人需及时到达现场，启动本单位应急处理预案，同时按程序报告系统内上级机构。

系统内上级机构接到事发营业网点上报情况，服务突发事件应急处理领导机构应迅速分析判断服务突发事件有关情况，视情况启动相应级别应急处理预案。

第十一条　发生Ⅰ级、Ⅱ级服务突发事件，系统内上级机构服务突发事件处理工作领导机构应向当地监管机构、政府职能部门、银行业协会报告有关情况，请求支持配合；必要时，请求监管机构或政府职能部门统一指挥应急处理工作。

营业网点发生挤兑，各会员单位或辖属分支机构的服务突发事件应急处理工作领导机构应启动联动机制，迅速联络公安部门协助维持秩序，控制局面，做好信息披露工作。

多个营业网点受自然灾害破坏，各会员单位或辖属分支机构的服务突发事件应急处理工作领导机构应启动联动机制，迅速联络地方政府协助救灾，同时做好人员财产的转移和安置。

多个营业网点发生业务系统故障，各会员单位或辖属分支机构服务突发事件应急处理工作领导机构应迅速组织相关职能部门排除故障，恢复运行，同时做好客户安抚和信息披露工作。

第十二条　发生单个营业网点业务系统故障、寻衅滋事、客流激增、不合理占用银行服务资源、重大失实信息传播等服务突发事件，必要时，各会员单位或辖属分支机构服务突发事件处理工作领导机构应向当地监管机构、政府职能部门、银行业协会报告有关情况，请求支持配合，同时做好客户安抚和信息披露工作。

第十三条　服务突发事件报告

（一）发生服务突发事件，营业网点第一时间电话向上级或有关部门报告，必要时通过传真或电子传输系统等方式报告。

（二）报告服务突发事件，内容应客观、真实、完整，程序规范。

（三）报告内容主要包括：

1．服务突发事件基本情况，包括营业网点名称、地点、时间、原因、性质、涉及金额和人数；

2．服务突发事件发生过程、主要危害、客户反应、应对措施、事态发展趋势等其他内容。

　　第十四条　会员单位或辖属分支机构服务突发事件应急处理工作领导机构视情况、按程序对外披露突发事件相关信息，引导社会舆论，消除不良影响，维护社会稳定。突发事件应急处理过程中或结束后，对引起媒体关注的，应主动做好沟通、协调工作，进行正面舆论引导，降低不良影响。同时稳妥细致做好善后工作，恢复营业网点正常营业秩序。

## 第五章　预防机制

　　第十五条　服务监测

　　各会员单位或辖属分支机构服务突发事件应急处理工作办事机构应定期进行服务状况调查，监测营业网点业务量、客户等候时间、客户意见焦点、投诉情况等相关指标，对比历史数据，调研业务发展趋势，对所辖营业网点的服务水平、客户满意度、系统支持、安全保障、资源配置等情况进行评价和判断，分析、查找营业网点运营状况和服务隐患。

　　第十六条　预防预警

　　各会员单位或辖属分支机构服务突发事件应急处理工作办事机构针对服务隐患，提出风险警示，组织有关职能部门和辖属机构制订实施预防预警措施，防范服务风险，预防服务突发事件发生，提升服务水平。

　　第十七条　应急演练

　　各会员单位及辖属分支机构服务突发事件应急处理工作领导机构应定期组织辖属营业网点进行应急处理预案演练；各会员单位或

辖属分支机构服务突发事件应急处理工作办事机构按照职责分工，应做好辖属营业网点应急处理预案演练的组织、指导工作，提高服务突发事件防范和应急处理工作水平。

## 第六章　总结评价

第十八条　原因调查

服务突发事件应急处理工作结束后，各会员单位或辖属分支机构服务突发事件应急处理工作领导机构应组织调查事件发生的深层原因，查找工作不足。

第十九条　评估总结

发生服务突发事件的营业网点应对事件发生原因、应对措施、处理经过、处理结果进行总结，吸取经验教训，提高服务风险防范能力，并上报总结报告。

各会员单位或辖属分支机构服务突发事件应急处理工作领导机构对服务突发事件处理的及时性、有效性以及与系统外职能部门联动协调等情况进行评估与总结，完善相关制度和应急处理预案，提高应急处理能力，并按规定向当地银行监管机构、政府职能部门、银行业协会报送总结报告。

第二十条　奖励与问责

各会员单位或辖属分支机构服务突发事件应急处理工作领导机构应根据服务突发事件原因和处理全过程的调查结果，对在应急处理工作中表现突出、贡献较大的集体和个人，给予奖励与表彰。对服务突发事件的发生负有责任的以及在应急处理过程中工作不力的有关部门或人员，应追究责任。

## 第七章　附　则

第二十一条　本指引附《中国银行业营业网点服务突发事件应急处理预案示范文本》，以指导各会员单位或分支机构结合实际制定服务突发事件应急处理预案。

第二十二条　各会员单位应在本指引的指导下，制定服务突发事件应急处理预案，应报备系统内上级机构以及当地监管机构、银行业协会。

第二十三条　本指引由中国银行业协会自律工作委员会负责解释和修改。

第二十四条　本指引由中国银行业协会自律工作委员会常务委员会审议通过后实施。

# 中国银行业营业网点服务
# 突发事件应急处理预案示范文本

第一条　为维护中国银行业金融机构营业网点正常经营秩序，保护客户的合法权益，预防或减少银行业服务突发事件带来的危害，根据《中国银行业营业网点服务突发事件应急处理工作指引》，制定《中国银行业营业网点服务突发事件应急处理预案示范文本》（以下简称本预案）。

第二条　服务突发事件分类

（一）特大服务突发事件（Ⅰ级）

1．营业网点挤兑；

2．多个营业网点受自然灾害破坏；

3．多个营业网点业务系统故障。

（二）重大服务突发事件（Ⅱ级）

1．单个营业网点业务系统故障；

2．抢劫客户财产；

3．单个营业网点受自然灾害破坏。

（三）较大服务突发事件（Ⅲ级）

1．客户突发疾病；

2．客户人身伤害；

3．寻衅滋事；

4．营业网点客流激增；

5．不合理占用银行服务资源；

6．重大失实信息传播；

7．其他影响营业网点正常服务的事件。

第三条　营业网点发生服务突发事件，应立即按程序报告系统内上级服务突发事件应急处理办事机构，报告内容主要包括：事件发生的地点、时间、原因、性质、涉及金额及人数以及事件造成的主要危害、客户反应、事态发展趋势和采取的应对措施等。

第四条　营业网点挤兑应急预案

（一）营业网点发生挤兑事件，营业网点应急处理团队迅速疏导客户，防范客户过激行为，维持营业秩序。

（二）营业网点负责人迅速到达现场，并按程序第一时间向系统内上级服务突发事件应急处理工作办事机构报告。

（三）营业网点应急处理团队及时安抚客户，全力做好解释和宣传，控制事态发展。

（四）系统内上级服务突发事件应急处理工作领导机构迅速研究分析事件情况，视情况，及时启动应急预案，同时根据实际情况向当地监管机构、政府职能部门、银行业协会报告。

（五）系统内上级机构接到营业网点发生挤兑事件的报告后，立即调动安全保卫人员赶赴现场，并请求协调当地公安部门维持秩序，防止事态扩大。

（六）系统内上级机构根据应急预案，迅速调运内部资金，确保头寸充足，必要时，向当地人民银行汇报，紧急调拨充足现金，保证正常兑付。

（七）根据事态进展情况，系统内上级服务突发事件应急处理工作领导机构及时进行相关信息披露，消除社会影响。

（八）如事态范围进一步扩大，系统内上级服务突发事件应急处理领导机构请求当地监管机构、政府职能部门共同采取联动措施，统一协调应急处理工作。

第五条　营业网点业务系统故障应急预案

（一）营业网点发生业务系统故障，造成系统停机、运行中断等情况，营业网点应急处理团队及时告知客户，做好客户解释安抚，维持营业秩序，同时检查了解网点供电、设备运行、网络运行等情况。

（二）营业网点负责人第一时间报告系统内上级服务突发事件应急处理工作办事机构。系统内上级服务突发事件应急处理领导机构研究分析业务系统故障情况，视情况启动应急预案，组织开展应急处理工作。

（三）系统内上级信息技术管理部门协助营业网点共同针对故障情况，采取相关措施进行处置，尽快恢复系统正常运行。

（四）如发现故障属人为攻击所造成，系统内上级信息技术管理部门应积极采取措施进行处理，对于经分析确认为攻击行为，且在短时间内无法解决的，应及时向公安机关报案，并协助公安机关破案，确保银行业务系统安全。

（五）必要时，系统内上级服务突发事件应急处理工作办事机构根据《银行业重要信息系统突发事件应急管理规范》有关规定，组织实施营业网点系统故障应急处理工作。

（六）根据营业网点业务系统故障处理实际情况，由系统内上级服务突发事件应急处理工作领导机构及时做好信息披露，向客户公示营业变更安排。

（七）如发生多个营业网点系统故障或单个营业网点系统故障影响范围较大时，上级机构服务突发事件处理工作领导机构向当地监管机构、政府职能部门、银行业协会报告有关情况，请求支持配合。

第六条　抢劫客户财产应急预案

（一）营业网点发生不法分子抢劫客户财产事件，营业网点应急处理团队立即报警，迅速予以制止，维持现场秩序。

（二）在确保银行财产安全情况下，营业网点应急处理团队及时、安全疏散其他客户；如客户受到伤害，应迅速实施救助。

（三）营业网点负责人应及时向系统内上级服务突发事件应急处理工作办事机构报告事件情况。

（四）营业网点组织采取有效措施，尽快恢复营业网点正常营业秩序。

（五）营业网点保护好现场及监控录像资料。

第七条　自然灾害应急预案

（一）发生火灾、水灾、地震等自然灾害时，营业网点应急处理团队第一时间拨打紧急救援电话，迅速组织人员自救，尽快疏导客户撤离网点。

（二）营业网点负责人迅速向系统内上级服务突发事件应急处理工作办事机构报告灾情。

（三）应急处理团队组织员工转移柜台现金、凭证、账簿等到安全地方，并做好安全保卫工作。

（四）按照灾害处理实际情况，营业网点应急处理团队组织员工采取相应措施，防止灾情扩大，并组织员工有序转移。

（五）营业网点负责人紧急调配人员，加强防卫，做好营业网点金库、柜台等重点场所的防盗、防抢工作。

（六）系统内上级服务突发事件应急处理工作办事机构启动应

急预案，组织开展应急处理工作；立即调动安全保卫人员赶赴现场维护秩序，同时联系政府相关职能部门协助维护现场秩序，保护客户和银行财产安全。

（七）如营业网点因灾情不能正常营业，系统内上级服务突发事件应急处理工作领导机构应及时做好相关信息披露工作，公示网点营业变更安排，做好客户安抚工作，消除社会影响。

（八）系统内上级服务突发事件应急处理领导机构应向当地监管机构、政府职能部门、银行业协会报告有关情况，请求当地监管机构、政府职能部门共同采取联动措施，统一协调应急处理工作。

（九）系统内上级服务突发事件应急处理领导机构组织采取有效措施，尽快恢复营业网点正常对外营业。

（十）营业网点保护好现场及监控录像资料。

第八条 客户突发疾病应急预案

（一）客户在营业网点突感身体不适、需要帮助时，营业网点应急处理团队应及时安排客户休息。

（二）客户突发疾病时，营业网点应急处理团队依据实际情况立即联系紧急医疗救护，疏导救助通道，协助医疗救治。

（三）根据实际情况，营业网点应急处理团队应及时通知客户家属或单位。

（四）营业网点应急处理团队协助客户保护财产和资料安全。

（五）营业网点应急处理团队应维护营业网点正常秩序，保证服务质量。

（六）营业网点保存监控录像资料，以备日后查证。

第九条 客户人身伤害应急预案

（一）客户在营业网点受到人身伤害时，营业网点负责人应及时到达现场，了解客户伤情，进行安抚慰问。

（二）营业网点应急处理团队为客户提供临时医疗救护，并及时协助联系客户家属或单位。

（三）必要时，营业网点应急处理团队应立即联系紧急医疗救护。

（四）视情况，营业网点负责人及时报告系统内上级服务突发事件应急处理工作办事机构。

（五）营业网点保存有关监控录像资料，以备日后查证。

第十条　寻衅滋事应急预案

（一）营业网点发生寻衅滋事事件，营业网点应急处理团队应对滋事人员进行劝阻，劝离营业网点。

（二）对劝阻无效者，营业网点应急处理团队应联系公安机关协助维持营业秩序，保护银行和客户人身及财产安全。

（三）营业网点应急处理团队调查了解客户滋事原因，听取客户反应。

（四）视情况，营业网点负责人报告系统内上级服务突发事件应急处理工作办事机构，安排有关职能部门介入，进行后续处理。

（五）营业网点保存有关监控录像资料，以备日后查证。

第十一条　营业网点客流激增应急预案

（一）营业网点发生客流激增情况，营业网点应急处理团队应及时安抚客户，做好客户疏导。

（二）营业网点负责人及时增设营业柜台及服务窗口，进行客户分流，缓解客户情绪。

（三）营业网点应急处理团队及时公告相关解决客流激增问题的处理方案。

（四）必要时，营业网点负责人报告系统内上级服务突发事件应急处理工作办事机构。

（五）视情况，系统内上级服务突发事件应急处理工作办事机构启动应急预案，组织开展应急处理工作。

第十二条　不合理占用银行服务资源应急预案

（一）营业网点发生客户不合理占用银行服务资源事件，营业网点应急处理团队应及时劝导客户停止不合理占用行为，维护正常营业秩序。

（二）营业网点应急处理团队主动了解客户不合理占用行为动机，听取客户要求，采取有效疏导措施。

（三）如疏通和劝阻无效，营业网点应急处理团队应给予客户适当警告，中止客户不合理占用行为。

（四）视情况，营业网点负责人报告系统内上级服务突发事件应急处理工作办事机构。

（五）如情节严重，干扰网点正常经营秩序，系统内上级服务突发事件应急处理工作办事机构应及时启动应急预案，组织开展应急处理工作，并联系公安机关协助处理。

（六）营业网点保存有关监控录像资料，以备日后查证。

第十三条　重大失实信息传播应急预案

（一）发生营业网点重大和失实信息传播事件，营业网点负责人第一时间报告系统内上级服务突发事件应急处理办事机构。

（二）视情况，系统内上级服务突发事件应急处理工作办事机构启动应急预案，组织开展应急处理工作，及时联系相关信息传播渠道，进行解释说明，敦促相关信息传播渠道澄清事实。

（三）系统内上级服务突发事件应急处理工作办事机构进行正

面信息披露，做好客户安抚，消除社会影响。

（四）遇媒体记者访问营业网点，营业网点负责人应主动接待，及时报告系统内上级机构，由系统内上级相关部门以统一口径对外发布信息。

（五）如相关信息传播渠道拒绝更正错误失实信息，必要时，由系统内上级服务突发事件应急处理工作领导机构决定采取法律途径解决问题，挽回不良社会影响。

第十四条　其他影响营业网点正常服务事件应急预案

（一）营业网点发生停电、运钞车未到等情况不能正常营业，营业网点应急处理团队应及时告知客户，做好客户安抚，并及时与系统内上级机构或系统外有关部门联系。

（二）营业网点发生客户静坐、示威等聚集事件，营业网点负责人应迅速到场，对聚集人员进行法律宣传和正面劝导，并及时劝离；必要时，向公安机关报告情况，请求协助维持秩序，保护银行和客户人身及财产安全。

（三）视情况，营业网点应急处理团队及时转移柜台现金、凭证、账簿到安全地方。

（四）必要时，营业网点负责人报告系统内上级服务突发事件应急处理工作办事机构。

（五）视情况，系统内上级服务突发事件应急处理工作办事机构启动应急预案，组织调配资源，保护营业网点安全，维护营业秩序，并向监管机构、银行业协会报告。

第十五条　营业网点应在服务突发事件未处理完结前妥善保管服务突发事件现场监控录像资料，并配合事后调查取证。

第十六条　系统内上级服务突发事件应急处理工作领导机构应

根据服务突发事件严重程度和影响范围，及时进行相关信息披露，减轻或消除社会影响。

第十七条　系统内上级服务突发事件应急处理领导机构应根据服务突发事件严重程度和影响范围，请求当地监管机构、政府职能部门共同采取联动措施，统一协调应急处理工作。

# 关于进一步改进无障碍银行服务的自律约定

为深入落实《无障碍环境建设条例》（以下简称条例）精神，进一步完善银行业无障碍设施建设和无障碍信息服务，不断提高服务残障人士的意识，全面提升服务残障人士的能力，经会员单位共同协商，中国银行业协会就全行业无障碍环境建设方面提出以下自律约定：

一、加强学习，积极落实相关规范性文件

会员单位应根据《条例》精神，结合《关于银行业金融机构加强残疾人客户金融服务工作的通知》（银监办发[2012]144号）、《关于进一步完善残障人士银行服务的自律要求》（银协发[2012]35号）、《中国银行业协会自律工作委员会关于为严重老弱病残等特殊客户做好人性化服务的紧急通知》（银协发[2009]5号）和《中国银行业公平对待消费者自律公约》（银协发[2010]23号）等规范性文件，进一步关注残障人士需求，保障特殊群体客户合法权益，积极推动银行无障碍设施建设，培养从业人员服务残障人士的意识和能力，建立健全相应服务应急预案，切实履行社会责任。

二、合理规划，积极推进无障碍环境建设

（一）会员单位应统一思想，提高认识，切实把无障碍环境建设纳入公司经营管理中，结合本单位实际，研究并制定无障碍设施建设的整体规划。

（二）配合城市建设等部门做好当地无障碍工程建设，有计划、有步骤、有目标地做好无障碍设施的新建、改建、扩建工作。

（三）加强营业网点无障碍服务设施的日常维护，确保无障碍服务设施的正常使用。

（四）加强营业网点无障碍服务设施使用的宣传工作，让残障人士能够享受银行便捷、高效的无障碍服务。

（五）在有条件的营业网点为肢体残疾人驾驶或者乘坐的机动车设置无障碍停车位。

三、加快创新，积极提升残障人士服务能力

（一）逐步完善网上银行、电话银行、自助设备等渠道的无障碍改造，提供人性化的电子化金融服务。

（二）允许视力障碍客户携带经过登记、认证、有可识别标识且处于工作状态的导盲犬出入银行营业网点办理业务。网点工作人员应妥善做好接待，保障网点的正常营业秩序。

（三）在有条件或有实际需要的营业网点设置盲人版业务介绍和指南。

# 关于进一步完善残障人士银行服务的自律要求

为进一步增强银行业服务残障人士的能力，提高对残障人士的服务水平，推动对残障人士的无障碍环境建设，改善对残障人士的个性化服务，强化公平对待消费者意识，积极履行社会责任，以人为本，理解、尊重、关心、帮助残障人士，保护残障人士合法权益。经会员银行共同协商，中国银行业协会就提高对残障人士银行服务保障能力提出以下自律要求：

一、会员银行应认真贯彻落实国家关于残疾人事业发展和无障碍环境建设的相关法律、法规、规划及规定，致力满足残障人士对银行金融服务的需求，制定并实施银行无障碍环境建设和改造规划，增强扶残助残意识，提升对残障人士服务保障能力，进一步展现银行业无障碍服务的良好形象，切实为包括残障人士在内的特殊客户群体提供便利。

二、会员银行应进一步贯彻落实《关于银行业金融机构加强残疾人客户金融服务工作的通知》（银监办发[2012]144号）、《中国银行业公平对待消费者自律公约》（银协发[2010]23号）和《中国银行业协会自律工作委员会关于为严重老弱病残等特殊客户做好人性化服务的紧急通知》（银协发[2009]5号）等规范性文件，以热情的态度、良好的作风和文明的形象，向残障人士提供公平公正、诚实守信的文明规范服务。

三、会员银行应在本系统消费者保护体系内加强对残障人士等特殊客户群体的人性化保护，进一步完善服务残障人士的内部管理制度，强化从业人员公平对待消费者意识，增强从业人员服务残障人士技能，提高从业人员服务残障人士的应急处理能力，保障残障人士隐私权，加强对残障人士的关爱。

四、会员银行应在产品和服务的设计开发与销售等环节，积极进行产品创新和服务创新，推行无障碍信息和通信技术系统，满足残障人士日益增长的金融服务需求。

五、会员银行应在确保残障人士享受与其他客户平等权利基础上，充分考虑各类残障人士需求，尽可能提供便捷的人性化服务。

（一）有书写障碍的残障人士办理开户、存款、取款、挂失及贷款等业务时，可以使用按手印并加盖本人图章的方式代替签名；对上肢残疾不能按手印的客户，在查阅有效身份证件确认本人身份后，可以使用盖本人图章的方式代替签名；对可以签字的视力障碍客户提供签字框工具或相应服务措施，便于视力障碍客户签名。

（二）接受残障人士合理的贷款申请，坚持公平信贷，为符合贷款条件，且提供相关贷款资料齐全的残障人士办理贷款业务。

（三）完善营业网点无障碍设施建设，在条件允许的情况下提供无障碍坡道或采取无障碍服务措施，并在明显位置安放无障碍设施标识，保证残障人士顺利办理业务。

（四）有残障人士窗口的银行网点应安放键盘式密码输入器，便于视力障碍客户使用。

（五）在提供语音叫号系统服务的同时，为听力障碍客户提供电子显示屏叫号服务或相应功能的服务措施。

（六）通过网上银行或其他自助渠道为听力障碍客户提供账户查询及转账、银行卡临时挂失和信用卡激活等涉及隐私的服务项目。

（七）为残障客户提供导引服务，网点大堂服务人员应积极协助残障客户办理各项业务。

（八）为确保与听力障碍客户的交流畅通，应优先提供文字交流服务，对容易引起歧义的重要业务环节需耐心使用文字交流，防止手语服务不清晰造成误会。

（九）逐步实现网上在线咨询服务，并明确在线服务时间，在服务时间内及时回复听力障碍客户提出的业务咨询等问题。

（十）在客户授权且不涉及客户保密信息的条件下，银行机构网点应为有书写障碍的残障人士提供代替书写填单或机器打印填单服务，客户签字除外。

（十一）在完善内部流程管理，确保有效防范风险的前提下，应尽量为不能亲临柜台且有急需的重度肢体障碍客户提供柜台延伸上门服务。

（十二）网点工作人员应对支取大额现金业务的残障人士进行安全提示，可协助残障人士联系公安部门提供安保服务。

六、会员银行应建立对残障人士服务应急处理机制。针对残障人士制定柜面业务应急预案或应急处理措施，提高银行业从业人员服务残障人士应急处理能力。

七、会员银行应定期就下属单位在服务残障人士工作方面的情况开展自查，发现残障服务设施不到位和发生残障人士投诉等问题，应及时进行整改，切实保证残障人士的合法权益。

八、中国银行业协会将对以上自律要求执行情况组织相关检查，同时，欢迎社会公众监督，发现不遵守以上自律要求的会员银行将进行自律惩戒，并对确认违规情况予以通报。

# 参考文献

［1］孔伟成、陈水芬：网络营销，北京：高等教育出版社，2003。

［2］方玲玉、邓平、湛继红：网络营销务实，湖南：湖南大学出版社，2005。

［3］王汝林：网络营销战略，北京：清华大学出版社，2002。

［4］李冬：电子商务与网上交易务实手册，北京：机械工业出版社，2003。

［5］陈文敬：中国金融商务礼仪，北京：经济日报出版社，2010。

［6］格里格、津巴多著，王垒、王甦等译：心理学与生活，北京：人民邮电出版社，2003。

［7］派克著，于海生译：少有人走的路，长春：吉林文史出版社，2006。

# 后 记

　　《银行大堂经理知识读本》（以下简称《读本》）于2012年10月正式启动课题研究工作。在中国银行业协会领导的大力支持下，在全体编写人员的辛勤努力下，历时一年多的时间，经历了启动、调研、编写、征求意见、修改、专家终审后，于2014年3月15日正式出版发行。

　　在《读本》的编写初期，湖北省银行业协会进行了认真细致的市场调研，广泛征求了商业银行营业网点负责人和大堂经理的意见，提出了编写《读本》一书的构想，并收集整理了大量资料。中国银行业协会对此高度重视，组织了各商业银行总行和地方银行业协会服务管理专家，多次召开《读本》编写会议，对《读本》框架结构、章节内容等作了充分讨论，确立了编写原则和意见，并认真展开了编写工作。

　　《读本》的编审得到了中国银行业协会、湖北省银行业协会会员单位的大力支持和积极配合，凝聚了编审人员的聪明智慧和辛勤劳动。《读本》编审人员以高度的职业责任、丰富的专业知识和严谨的工作态度，精益求精，反复对《读本》内容进行了编写、修改、充实，保证了编审任务的顺利完成。

　　最后，我们代表中国银行业所有从事大堂经理工作的同志们和关注银行大堂服务的广大客户，向为《读本》的出版发行给予支持、付出劳动、做出贡献的各位同仁、各界朋友表示衷心的感谢！

中国银行业协会
2014年3月